essentials

essentials liefern aktuelles Wissen in konzentrierter Form. Die Essenz dessen, worauf es als „State-of-the-Art" in der gegenwärtigen Fachdiskussion oder in der Praxis ankommt. *essentials* informieren schnell, unkompliziert und verständlich

- als Einführung in ein aktuelles Thema aus Ihrem Fachgebiet
- als Einstieg in ein für Sie noch unbekanntes Themenfeld
- als Einblick, um zum Thema mitreden zu können

Die Bücher in elektronischer und gedruckter Form bringen das Expertenwissen von Springer-Fachautoren kompakt zur Darstellung. Sie sind besonders für die Nutzung als eBook auf Tablet-PCs, eBook-Readern und Smartphones geeignet. *essentials:* Wissensbausteine aus den Wirtschafts-, Sozial- und Geisteswissenschaften, aus Technik und Naturwissenschaften sowie aus Medizin, Psychologie und Gesundheitsberufen. Von renommierten Autoren aller Springer-Verlagsmarken.

Weitere Bände in der Reihe http://www.springer.com/series/13088

Auftragskommunikation

Jürgen Schulz · Andreas Galling-Stiehler · Robert Caspar Müller

Für Unternehmen und Institutionen sprechen

Jürgen Schulz
Berlin, Deutschland

Andreas Galling-Stiehler
Berlin, Deutschland

Robert Caspar Müller
Berlin, Deutschland

ISSN 2197-6708
essentials
ISBN 978-3-658-30582-6
https://doi.org/10.1007/978-3-658-30583-3

ISSN 2197-6716   (electronic)

ISBN 978-3-658-30583-3   (eBook)

Die Deutsche Nationalbibliothek verzeichnet diese Publikation in der Deutschen Nationalbibliografie; detaillierte bibliografische Daten sind im Internet über http://dnb.d-nb.de abrufbar.

Planung/Lektorat: Imke Sander
Springer Gabler ist ein Imprint der eingetragenen Gesellschaft Springer Fachmedien Wiesbaden GmbH und ist ein Teil von Springer Nature.
Die Anschrift der Gesellschaft ist: Abraham-Lincoln-Str. 46, 65189 Wiesbaden, Germany

Was Sie in diesem *essential* finden können

- Wie Unternehmen und Institutionen sich durch Auftragskommunikation ihrer Selbst vergewissern können
- Wie Kommunikation als Gestaltung im Auftrag organisiert ist
- Wie vielfältig die Sprachen und Darstellungsformen des Sprechens und Erzählens im Auftrag sind
- Wie Kommunikation als konstitutiver Bestandteil ernst genommen wird

*Der Akt des Sprechens hat auch etwas
Politisches: Er ist so kraftvoll, ernsthaft
und souverän, dass aus dem Sprechen
eine Lebens- und Machtaufgabe werden
kann.*

Anne Dufourmantelle [2011] 2018.
Das Lob des Risikos. Ein Plädoyer für
das Ungewisse

Vorwort

Was ist der Unterschied zwischen einem Verkehrsschild und einem Werbeplakat, warum haben ein Youtube-Video oder eine TV-Sendung eine andere Relevanz als Gespräche mit Eltern, ein Brief von einer Freundin oder der Hinweis eines Erziehers? Für die persönliche und soziale Orientierung sind Antworten auf Fragen wie diese essenziell. Die Vermittlung und Erprobung kommunikativer Kompetenzen ist aus guten Gründen integraler Bestandteil unserer Alltagskultur von Kindheit an.

In den Wissenschaften, die den kommunikativen Alltag erforschen, ist dabei ein erstaunlicher Widerspruch entstanden: Wird im Sinne von Niklas Luhmann Kommunikation mit ihren drei Selektionen der Information, Mitteilung und dem Verstehen (Luhmann 1984: 194 ff.) in der direkten Kommunikation wie in der Massenkommunikation systematisch untersucht, bleiben die institutionellen Rahmenbedingungen und die Darstellungsformen, die einen Großteil unseres kommunikativen Alltags organisieren und prägen, meist eigenartig unbestimmt. Diese Unbestimmtheit lässt sich wiederum im Alltag beobachten. Gehen viele Jugendliche heute zum Beispiel ganz selbstverständlich mit Marketinginstrumenten in Social-Media-Anwendungen auf ihren Smartphones um, wird deren Hintergrund selten als Teil kommunikativer und medialer Kompetenz thematisiert. Die zivilgesellschaftliche Diskussion über Datamining-Strategien von Google oder Amazon ist eines der aktuellen Beispiele dafür, dass Kommunikation im Interesse und im Auftrag von Unternehmen und Institutionen der Klärung bedarf. Ähnliches gilt für Werberestriktionen oder die Forderungen nach zusätzlicher staatlicher Regulation von Finanzmarktkommunikation oder Lobbying. Wer soll oder darf in welcher Form und in wessen Auftrag kommunizieren? Nicht wenige, zum Teil seit Jahrzehnten etablierte Formen der professionalisierten Kommunikation in einer repräsentativen Demokratie und sozialen Marktwirtschaft stehen bei der Beantwortung dieser Frage mittlerweile unter Suggestionsverdacht. „Das ist doch Werbung, PR, Lobbying …" – etwa so klingt es dann oft in der Alltagskommunikation ebenso wie in der politischen Kommunikation. In Anlehnung an Raymond Carvers Erzählwerk „What we talk about when we talk about love" (1981) stellt sich dieser Text nun der Frage, worüber wir reden, wenn wir über Auftragskommunikation reden.

Public Relations, Public Affairs, Campaigning, Marketing, Werbung, Sales Promotion oder Social Media Relations: Es gibt viele Namen dafür, wie Institutionen und Unternehmen von sich und ihren Leistungen reden machen – vom kleinen mittelständischen Unternehmen bis zur Bundesregierung. Sie beauftragen dafür interne und externe Mitarbeiter*innen in doppeltem Sinne: Sie weisen sie an und bestellen bei ihnen Ideen und Gestaltung. Eine Maxime gewinnt dabei an Dominanz: Kommunikation, die funktionieren soll. Clicks, Sales, Likes, Follower … – der Effekt wird zum Anlass, die bestellte Wirkung ersetzt die richtungsweisende Ursache. Diesem Trend setzt dieser Text ein neues Verständnis von Auftragskommunikation entgegen. Die Maxime lautet: Kommunikation ist für Unternehmen und Institutionen konstitutiv und gestaltend, nicht instrumentell. Sie brauchen dafür eine Selbstvergewisserung über ihr Wertversprechen und ihre Leistungen. Im Zentrum steht dabei die Klärung, welches Bild sich Organisationen in der Auftragskommunikation von ihren Adressatinnen und Adressaten machen. Es geht um die wechselseitige Unterstellung und Erwartung kommunikativer Kompetenz.

Die Formel des amerikanischen Kommunikationswissenschaftlers Harold Dwight Lasswell zur Systematisierung von Massenkommunikation – „Who says what in which channel to whom with what effect?" (Lasswell 1948) – hat maßgeblich dazu beigetragen, die Klärung von Kommunikation selbst als einen essentiellen Teil ihrer Information, Mitteilung und ihres Verstehens aufzufassen.

Dem folgt auch die Systematik dieses Textes. Zunächst soll geklärt werden, wer eigentlich spricht, wenn Institutionen und Unternehmen sprechen, und wie dies durch Aufträge organisiert wird.

In einem zweiten Schritt wird die kommunikative Beziehung zwischen Organisationen und Menschen untersucht sowie die Bilder, die sie sich wechselseitig voneinander machen. Die Erarbeitung eines Begriffes der Auftragskommunikation soll schließlich Aufschlüsse geben, wie Organisationen sowie ihre Adressatinnen und Adressaten Kommunikation konkret gestalten.

In einem letzten Schritt werden auf dieser Grundlage Methoden diskutiert, wie Institutionen und Unternehmen darüber reden können, warum sie wie mit wem reden.

Wenn wir nun darüber reden, wie wir reden, wenn wir im Auftrag anderer reden, – dann reden wir natürlich auch über uns. Dies Buch ist daher ebenfalls eine Art Selbstvergewisserung. Dazu würden wir Sie, verehrte Leserinnen und Leser, auch gern einladen.

Berlin
den 28.04.2020

Jürgen Schulz
Robert Caspar Müller
Andreas Galling-Stiehler

Klappentext

Public Relations, Public Affairs, Marketing, Werbung oder Social Media Relations – es gibt viele Namen dafür, wie Institutionen und Unternehmen von sich und ihren Leistungen reden machen. Sie beauftragen dafür interne und externe Mitarbeiter*innen in doppeltem Sinne: Sie weisen sie an und bestellen bei ihnen Ideen und Gestaltung. Eine Maxime dominiert immer mehr: Kommunikation, die funktionieren soll; untermauert durch Klicks, Sales, Likes oder Follower. Der Effekt wird zum Anlass gemacht; die bestellte Wirkung ersetzt die richtungsweisende Ursache.

Dieses *essential* setzt diesem Trend ein neues Verständnis von Auftragskommunikation entgegen. Die Maxime lautet: Kommunikation ist für Unternehmen und Institutionen konstitutiv und gestaltend, nicht instrumentell. Sie brauchen dafür eine Selbstvergewisserung über ihre Leistungen und ihr Wertversprechen, was heute mit dem Modebegriff Purpose beschrieben wird. Die Autoren zeigen, welche entscheidende Rolle diese Selbstvergewisserung spielt, um Wertversprechen mit Sinn zu füllen, damit Stakeholder sowie die Auftragskommunikation an sich davon profitieren können. Ergänzt wird das Werk durch ein Glossar zu wichtigen Disziplinen der Auftragskommunikation.

Der Inhalt

- Auftrag: Wer spricht für wen und wie sind diese Aufträge organisiert?
- Kommunikation: Die kommunikative Beziehung zwischen Organisationen und Menschen – und wie sie Kommunikation konkret gestalten können
- Auftragskommunikation: Selbstvergewisserung als Methode und Gestaltungsmöglichkeit, wie Institutionen und Unternehmen mit wem warum reden.
- Glossar zu wichtigen Disziplinen der Auftragskommunikation

Inhaltsverzeichnis

Über die Autoren

Prof. Dr. Jürgen Schulz, Dr. Robert Caspar Müller und Dr. Andreas Galling-Stiehler lehren und forschen an der Universität der Künste Berlin (UdK) im Studiengang Gesellschafts- und Wirtschaftskommunikation. Gemeinsam haben sie das Institut für Auftragskommunikation in Berlin gegründet. Ihre Arbeitsschwerpunkte liegen in der Beratung, Forschung und Redaktion für Unternehmen und Institutionen.

Auftrag 1

1.1 Überzeugungskommunikation im Dienst?

Institutionen, Unternehmen und Einzelpersonen wie Politikerinnen, Top-Manager oder Künstlerinnen („Celebrities") sind darauf angewiesen, in unterschiedlichsten „Arenen" (vgl. Behrent, Mentner 2001; Gerhards, Neidhardt 1990), mit ihren Unternehmungen, Policies, Marken, Produkten, Informationen, Kampagnen und Auftritten präsentiert und repräsentiert zu werden. Aus dem „dispersen Publikum" der Massenkommunikation (vgl. Maletzke 1963) sind hochgradig differenzierte Teilöffentlichkeiten entstanden, aus Zielgruppen sind „Stakeholder" geworden, die in unterschiedlicher Weise „Anteil" (stake) an der Kommunikation nehmen. Aber wer spricht bzw. schreibt da in wessen Auftrag – was heißt Auftragskommunikation in diesem Beziehungsgeflecht?

Es gibt weder eine alltagssprachliche Konvention, noch eine einheitliche wissenschaftliche Festlegung dessen, was Auftragskommunikation heißt. Ein absurder Eintrag auf Wikipedia drückt das aus: „Auftragskommunikation kann mit Werbung und Public Relations übersetzt werden." (https://de.wikipedia.org/wiki/Auftragskommunikation) In der Versionsgeschichte findet sich am 31. August 2007 dann noch ein Eintrag des Pseudonyms Dinah: „Werbung für bestimmte Hochschulen entfernt". Wikipedia erklärt also den Begriff zum Fremdwort und „übersetzt" ihn „werbefrei" als Werbung und PR. Julia Wippersberg hat 2012 in „Ziele, Evaluation und Qualität in der Auftragskommunikation" neben Werbung und Public Relations noch politische Kommunikation bzw. Public Affairs mit einbezogen, denen sie eine gemeinsame persuasive Zielstellung unterstellt:

> „Unter den Begriff der Auftragskommunikation fallen die drei Disziplinen Public Relations, Werbung und Public Affairs. So unterschiedlich sie in ihren konkreten Detailzielen und ihren Instrumenten sein mögen, so große Gemeinsamkeiten zeigen diese drei Disziplinen bei ihren konstituierenden Merkmalen und Aufgaben: Auftragskommunikation ist stets Persuasions- bzw. Überzeugungskommunikation. Sie will im Dienste des Auftraggebers bestimmte Ziele durch persuasive Kommunikation erreichen." (Wippersberg 2012: 9)

Auftragskommunikation lässt sich nun auch wertfrei über die Beziehung eines Auftraggebers zu in der Regel professionellen Kommunikatorinnen und Kommunikatoren beschreiben. Die Aufträge werden in Institutionen und Unternehmen – darunter spezialisierten Kommunikationsagenturen, die für ihre Kunden Public Relations-, Public Affairs- und Werbeetats bzw. -mandate führen – sowie von freien Beraterinnen, Textern und Redakteurinnen ausgeführt. Auch wenn in der Auftragskommunikation in diesem weiten Verständnis – Kommunikation im Auftrag einer Institution, eines Unternehmens oder einer Person – die Presse- und Medienarbeit integraler Bestandteil ist, so wird der Journalismus selbst nicht zur Auftragskommunikation gezählt. Hier spielt die Differenzierung von Journalismus als Arbeit von Personen sowie Journalismus als Sozialsystem bei Manfred Rühl eine zentrale Rolle. Nach Rühl liegt die Funktion des Journalismus in „Herstellung und Bereitstellung von Themen zur öffentlichen Kommunikation". (Rühl 1980: 319) Diese Themen, diese Agenda an Themen, stellen laut Luhmann „Realität" her: „Was wir über unsere Gesellschaft, ja über die Welt, in der wir leben, wissen, wissen wir durch die Massenmedien". (Luhmann [1995] 2009: 9) Es gibt also durchaus Journalisten, die in der PR arbeiten, wie z. B. die Mitarbeiterinnen und Mitarbeiter des Bundespresseamtes als PR-Institution der Bundesregierung – sie gehören aber im Sinne Rühls einem anderen gesellschaftlichen Funktionssystem an. Diese Differenz betont auch Wippersberg: „Diese Persuasionskommunikation hat aus sich heraus keine dem Journalismus vergleichbare gesellschaftliche Aufgabe, sondern sie ist primär dem Auftraggeber verpflichtet." (Wippersberg 2012: 9 f.).

Vergleicht man etwa die Persuasionstechniken des (Boulevard-)Journalismus mit den rationalen Informationsroutinen behördlicher PR, zeigt sich, dass der Begriff der Persuasion hier die Funktion einer petitio principii übernimmt – es wird vorausgesetzt, was vorgeblich abgeleitet werden soll. Auftragskommunikation gilt unabhängig von ihrem konkreten Auftrag als persuasiv. Die Informations- wie Aufklärungspflichten und -rechte staatlicher und zivilgesellschaftlicher Institutionen in einer repräsentativen Demokratie sind darunter so wenig zu fassen wie die Kommunikationsanforderungen an Unternehmen und ihre Sozialpartner in einer sozialen Marktwirtschaft. Die Unterstellung der Persuasion ist heute Teil einer Raison politischer Correctness, die über das Politische hinausgeht. Dabei wird der Werbung als Persuasion aus niederen Motiven der Gewinnerzielung ein Paternalismus der guten Gründe entgegengesetzt. Klimasensibilität, Multikulturalismus oder Gender Mainstreaming – die gute Absicht zählt. Purpose! Für diesen wiederum wird Auftragskommunikation, auch in Form von Werbung, legitimiert.

1.2   Start With What!

Was mit einem Ted-Talk und dem Buch „Start With Why" von Simon Sinek begann, ist heute in nahezu jedem Markenmodell, Marketingplan und Geschäftsbericht von Unternehmen und Institutionen zu finden: ohne „Purpose" geht es scheinbar nicht. Der englische Begriff Purpose wird auch im deutschen Sprachraum meist beibehalten. Möglicherweise, um im Ungefähren verbleiben zu können: Handelt es sich bei Purpose eigentlich um einen Zweck, eine Bestimmung, eine Absicht – oder versucht man damit Sinn zu erfassen und zu beschreiben? Doch nicht nur Sinek selbst lieferte eine Anleitung für Praktiker („Find Your Why", 2017), auch die klassischen Unternehmensberatungen haben das Thema als lukrativ identifiziert und wollen ihren Klienten nun helfen, ihren Purpose zu finden. So preist sich etwa die zur Boston Consulting Group gehörende Firma Brighthouse in der Tradition von Burger King („Home of the Whopper") als „Original Home of Purpose". Eine regelrechte Industrie des „Woke Washing", des Reinwaschens wirtschaftlichen Handelns durch hehre Motive ist da mittlerweile entstanden. Auch der Guardian (Jones, 2019) bemerkt dabei, dass Kapitalismus immer auch sein Gegenteil zu kapitalisieren vermag: „You don't have to have digested Karl Marx's Das Kapital to recognise that companies are driven by the profit motive, not changing the world."

Auch im Harvard Business Review (2019) als zentralem Organ für praxisorientierte Diskurse des strategischen Managements fordert man: „Put Purpose at the Core of Your Strategy". Sinek hat seinen „Golden Circle" der Fragen (Why, How, What?) um die nach dem Warum gruppiert. Purpose wird zu einer Art „Essenz", einem essentialistischen Blick auf die Welt und sich selbst. Purpose wird nach dieser Methodik in Strategieworkshops als Essenz einer Organisation definiert und anschließend umgesetzt bzw. „nach außen getragen". Unsere Gegenposition dazu ist eine „existentialistische". Das, was wir im Alltag, in unserem In-der-Welt-Sein täglich tun – diese Existenz geht der Essenz voraus. Daran gilt es anzusetzen: *Start With What!*

1.3   Personen repräsentieren Unternehmen, nicht umgekehrt

„Wir sehen die Corporate Identity in Parallele zur Ich-Identität als schlüssigen Zusammenhang von Erscheinung, Worten und Taten eines Unternehmens mit seinem »Wesen«, oder, spezifischer ausgedrückt, von Unternehmens-Verhalten, Unternehmens-Erscheinungsbild und Unternehmens-Kommunikation mit der hypostasierten Unternehmenspersönlichkeit als dem manifestierten Selbstverständnis des Unternehmens." (Birkigt et al. 1993, S. 18)

Im Recht gelten Unternehmen und Institutionen als „juristische Personen". Ähnlich fiktionale Hilfsbegriffe haben sich auch in der Wirtschafts- und Kommunikationswissenschaft gebildet – allen voran der Ansatz der „Corporate Identity" (CI), wie ihn Birkigt et al. bis heute wirksam geprägt haben. Dass Unternehmen sich nun nicht wie Personen bewegen, nähren, fühlen oder erzürnen können – diese Einsicht ist die Voraussetzung, um konstruktiv mit Corporate Identity als einer „produktiven Fiktion" (vgl. Vaihinger [1911] 1922) umgehen zu können. Liest man dagegen die konkreten Konzepte der Corporate Identity oder der „Markenkerne", „Markenidentitäten" etc., entsteht der Eindruck, dass hier Organisationen und Unternehmen ein essentialistisch gefasstes Wesen unterstellt wird. Die Tatsache, dass Personen Unternehmen repräsentieren und nicht umgekehrt, wird auf den Kopf gestellt. Korporierte Kommunikation wird nicht als real existierendes Gespräch von Personen gefasst, sondern als Aktualisierung eines Wesenkerns. Die Essenz spricht sich sozusagen in den Personen aus, deren Sprechen davon determiniert wird. Nicht selten wachsen sich CI-Konzepte zu Unternehmens-„Visionen" und „-Missionen" aus mit geradezu metaphysischem Geltungsanspruch.

Als einen Zeugen unserer Position gegen solchermaßen verfasste Geltungsansprüche, wie sie vor allem in der politischen Auftragskommunikation zum Einsatz kamen und kommen, wollen wir hier Jean Paul Sartre zitieren: „Der Mensch ist dazu verurteilt, frei zu sein. Verurteilt, weil er sich nicht selbst erschaffen hat, und dennoch frei, weil er, einmal in die Welt geworfen, für all das verantwortlich ist, was er tut." (Sartre [1944] 2000: 155) Das Bedürfnis, zu kommunizieren, ist ein existenzielles. Die Übernahme von Verantwortung dafür auch. Unternehmen und Institutionen brauchen nach unserer Überzeugung Repräsentant*innen, denen eine existenzielle Freiheit zur Kommunikation zugetraut wird, damit sie im Sinne ihrer Organisation entscheiden können. Die Systemtheorie geht sogar soweit, Kommunikation und Entscheidung in eins zu setzen: Unternehmen erzeugen sich durch Kommunikation als autopoietische Systeme selbst, sie entscheiden sich sozusagen stets aufs Neue, eine Korporation zu sein.

1.4   Die Kommunikation von Entscheidung ist entscheidend

Ein erfolgreicher Autodesigner rät: „Frage die Menschen nicht, was sie wollen, sondern gib ihnen etwas, von dem sie nie wussten, dass sie es suchten, aber von dem sie behaupten, dass sie es schon immer wollten, wenn sie es schließlich bekommen." (Büschelmann 1999: 29) Die Freiheit der Gestaltung und Kunst macht es vor: Wer sich von Anfang an für ein festgelegtes Ziel entscheidet, entscheidet eigentlich nicht mehr. Eigentlich müssen wir überrascht werden, wenn wir uns frei entscheiden wollen – auch wenn wir Sicherheit suchen. Da Zielerreichung in Wirtschaft und Politik, allemal im deutschen Kulturraum, ein Menetekel ist, geht es bei der Frage der Entscheidung für ein Ziel ums Ganze einer Organisation.

Fest steht, dass die Zielerreichung ungewiss bleibt, weil sie in der Zukunft liegt und damit noch nicht erlebt wurde. Denn streng genommen liegen Ziele im Ungewissen, solange sie nicht erreicht werden. Überraschungen bleiben bis dahin möglich. Wie gern wüssten wir im Voraus, was wir erreichen bzw. versäumen? Dieses grundsätzliche Problem jeder Entscheidung formuliert Heinz von Foerster als Paradoxon der Entscheidung: „Only those questions that are in principle undecidable we can decide." (von Foerster 1992: 14) Entscheidungen sind immer unsicher. Sonst müsste man sich ja nicht entscheiden, sondern nur noch nach bereits getroffenen Entscheidungen handeln.

Entscheidungen beziehen sich kausal auf das Verhältnis von Ursache und Wirkung. Zwei Modi lassen sich unterscheiden. Bei sogenannten Zweck programmen (Luhmann 1973: 101 ff.) geht es um das Ergebnis von Entscheidung – also darum, welches Ziel verfolgt wird. Umsatz, Gewinn, Grenzwerte, Wirkungsgrad, Effizienz und Effektivität – vor allem Wirtschaft und Politik sind getrieben von Zweckprogrammen. Zu der Frage „Wozu" entschieden werden soll, lautet die Antwort „Um-zu". So genannte Konditional programme (ebd.) entscheiden hingegen nach dem Input oder genauer nach der Situation, Sachlage oder Bedingung etc. einer Entscheidungssituation im Modus „wenn-dann". Zwei Ausprägungen dieses Programms lassen sich unterscheiden. Beim administrativen Handeln, das der Definition nach von Foerster streng genommen gar kein Entscheiden ist, sind „wenn" und „dann" als Voraussetzungen und Folgen strikt gekoppelt. Die entsprechende Handlungsvorschrift nennt man Algorithmus und ihre Fähigkeit in der Bearbeitung großer Datenmengen übersteigt bekanntlich alle menschlichen Kapazitäten, so dass sich inzwischen sogar GO- und Schachweltmeister den Programmen geschlagen geben mussten.

Betrachtet man allerdings die Elemente des Modus „wenn-dann" als Variablen, so besteht Entscheidungsbedarf im Sinne Heinz von Foersters Paradoxon der Entscheidung entweder hinsichtlich der Voraussetzungen („wenn") und der Folgen („dann"). Das kreative Potential von Konditionalprogrammen entfaltet sich beispielsweise, wenn die Frage „was wäre wenn?" vorangestellt wird, um daraus bisher unbekannte Folgen zu entwickeln. Federführend für diese Überlegungen sind Herbert A. Simons Gedanken zu Entwurfsprozessen – zum Beispiel in der Malerei: „Bei der Ölmalerei schafft jeder neu auf die Leinwand aufgetragene Farbtupfer einen Zusammenhang, der für den Maler zu einer kontinuierlichen Quelle neuer Ideen wird." (Simon [1969] 1990: 140) Ein Beispiel aus der Wirtschaft: Das Unternehmen Tesla ist als Vorreiter der Elektromobilität international erfolgreich. Wie bei anderen Protagonisten im Silicon Valley erscheint das unternehmerische Denken und Handeln von Tesla-Gründer Elon Musk dabei vor allem als eine Gestaltung von Bedingungen und den daraus erwachsenden Möglichkeitsräumen.

Unsere Conclusio: Für Unternehmen und Institutionen sind Zweckprogramme notwendig, aber nicht hinreichend. Doch wie gelingt es, den genialen Impetus von Einzelhandlungen der Konditionalprogramme auf Organisationen zu übertragen? Denn Individualhandeln unterscheidet sich von Kollektivhandeln. Unserer Überzeugung nach ist eine Voraussetzung dafür die Schaffung von Kommunikationsfreiheit. Kommunikationskampagnen als reines Mittel zum Zweck der Erreichung eines zuvor festgelegten Zieles tendieren daher zur Freiheitsberaubung – sie werden letztlich inkommunikabel und verkümmern zum Hintergrundgeräusch medialen Rauschens.

Niklas Luhmann geht in diesem Zusammenhang bei der Bedeutung der Kommunikation weit. Er vertritt die Ansicht, dass eine Organisation „operativ aus (der Kommunikation von) Entscheidungen besteht." (Luhmann 2000: 123) Unsere Position: Weniger die Entscheidung, vielmehr die Kommunikation der Entscheidung ist entscheidend. Die Darstellungsformen dieser Kommunikation im Auftrag eines Unternehmens oder einer Institution sind ein Spiegel der vielen Möglichkeiten, die Menschen in unterschiedlichen Situationen nutzen, um ins Gespräch zu kommen oder in ihm zu bleiben.

1.5   Die Sprachen des Auftrags

So wenig es einen einheitlichen Begriff von Auftragskommunikation in Wissenschaft und Praxis gibt, so wenig Einheitlichkeit herrscht in der Bezeichnung ihrer Disziplinen und Darstellungsformen. Von der konzisen Information, Aufklärung oder Warnung bis zur Überzeugung, Verlockung und Unterhaltung reichen die Funktionen, die Auftragskommunikation direkt und medial vermittelt, verbal wie nonverbal zu erfüllen sucht. Unsere Position: Die Disziplinen und Darstellungsformen sichern den Sprachschatz, den es braucht, um als Unternehmen oder Institution in wirtschaftlichen, politischen und gesellschaftlichen Kontexten handeln zu können. Dazu zählen beispielsweise die Pflichtpublizität in der Finanzwirtschaft oder die Auskunftspflicht staatlicher Behörden.

Ohne Auftragskommunikation funktionieren weder die Routinen einer parlamentarischen Massendemokratie noch die Austauschbeziehungen einer sozialen Marktwirtschaft – „Märkte sind Gespräche" hieß es schon 1999 in der ersten der 95 Thesen des „Clue Train Manifesto" (http://www.cluetrain.com/auf-deutsch.html). Public Relations (PR) und Werbung gelten als die Schlüsseldisziplinen, wenn es um Auftragskommunikation geht. Gleichzeitig kann man sie auch als zwei Pole im sprachlichen Spektrum ansehen. PR, in Deutschland als „Öffentlichkeitsarbeit" gefasste Disziplin, wird allen pejorativen Zuschreibungen zum Trotz in der Branche seit den 1980er Jahren phänomenologisch als Kommunikationsmanagement gefasst: „Public relations activities are part of the management of communication between an organization and its publics". (Grunig, Hunt 1984: 7 f.) Die Werbung, die nach dieser Definition der PR zurechenbar wäre, wird dagegen fachübergreifend durch ihre absatzorientierte Funktion definiert und gleichzeitig normativ eingeordnet: Werbung gilt als persuasiv und manipulativ. Niklas Luhmann hat das in „Die Realität der Massenmedien" auf den Punkt gebracht: „Die Werbung sucht zu manipulieren, sie arbeitet unaufrichtig und setzt voraus, daß das vorausgesetzt wird. (…) Sie nimmt gleichsam die Todsünde der Massenmedien auf sich – so als ob dadurch alle anderen Sendungen gerettet werden könnten." (Luhmann, [1995] 2009: 60) Diesen Ansatz Luhmanns wollen wir hier weiterführen. Die Vereinten Nationen werben für Menschenrechte und Autokonzerne legen wissenschaftliche Gutachten zu Dieselmotoren auf. Was davon Manipulation oder Information, was Fakten oder Fiktionen sind – das lässt sich weder durch die Zuordnung zu PR, Werbung oder anderen Disziplinen und Darstellungsformen entscheiden, ohne die Kommunikationen zu würdigen, die damit geführt werden. (Um eine Orientierung im Jargon der Auftragskommunikation – von der Propaganda über Public Affairs, Marketing und Corporate Communications bis zum Cultural Hacking – zu geben, haben wir diesem Text ein Glossar zu Disziplinen und Darstellungsformen der Auftragskommunikation angehängt).

Kommunikation 2

2.1 Menschen reden mit Menschen, über Menschen, von Menschen

Auftragskommunikation setzt, wie jede Kommunikation, ein bestimmtes Menschenbild voraus. Menschenbilder werden laufend in politischen, ökonomischen oder juristischen Debatten verwendet, um ein bestimmtes Vorgehen zu rechtfertigen oder Maßnahmen zu legitimieren. Jedes Menschenbild beruht auf einer bestimmten Weltanschauung, die sich in diesem Bild spiegelt. Die Frage nach dem zugrunde gelegten Menschenbild macht also die Vorstellungen dieser Rednerinnen über die Natur und das Wesen des Menschen sichtbar, welche auch jeder Auftragskommunikation vorausgehen.

Betrachtet man den Menschen wie die Denker der Antike als *animal rationale,* das von Natur aus über einen freien Willen verfügt und damit seine ebenso natürlichen Instinkte und Triebe überwinden kann? Ein vernunftbegabtes Wesen, das im Sinne Kants „Sapere aude!" dazu in der Lage ist, Ausgang aus seiner selbst verschuldeten Unmündigkeit zu finden? Sieht man ein freies und selbstbestimmtes Individuum, das gleichermaßen bereit ist, die Verantwortung für die Konsequenzen seines Tuns zu übernehmen? Oder unterstellt man dem Menschen, ein grundsätzlich denkfaules, massenpsychologisch leicht manipulierbares Wesen zu sein, das, wie Domizlaff (1939) postuliert, von Werbung und Propaganda mit einer suggestiven Idee „infiziert" werden kann? Werden seine unbewussten Bedürfnisse und Triebe in Wahrheit hinter den Kulissen von einem „ethischen Führungspersonal" gelenkt, wie es Edward Bernays in „Propaganda. Die Kunst der Public Relations" formuliert hat? (vgl. Bernays [1928] 2011: 20) Und sollte man den Neuromarketern glauben, die behaupten, nach Belieben die vermeintlichen „Kauf-Knöpfchen" im Gehirn der Menschen drücken zu können?

© Der/die Herausgeber bzw. der/die Autor(en), exklusiv lizenziert durch
Springer Fachmedien Wiesbaden GmbH, ein Teil von Springer Nature 2020
J. Schulz et al., *Auftragskommunikation,* essentials,
https://doi.org/10.1007/978-3-658-30583-3_2

Das Bild des Menschen als Mängelwesen, wie es von Arnold Gehlen in einem anderen Zusammenhang populär gemacht wurde, hat sich bis in die Gegenwart als außerordentlich wirkmächtig erwiesen. Popularisiert und – scheinbar – empirisch gefestigt wurde es zudem durch den Einfluss der behavioristischen Psychologie, nach der sich Wissenschaftler wie Watson oder Skinner in der Lage sahen, den Menschen gezielt zu manipulieren. Sie unterstellen eine „Machbarkeit" des Menschen, die eine generelle Messbarkeit des Menschen voraussetzt. Nicht zuletzt wird das Mängelwesen auch in den Kommunikationswissenschaften (z. B. Maletzke 2013) explizit herangezogen, um Forschungsprogramme zu begründen oder Rezipientenverhalten zu erklären. Auch in politischen Debatten ist eine meist unausgesprochene Unterstellung gesellschaftlicher „Eliten" zu beobachten, die sich selbst als eben dieses ethische Führungspersonal begreifen. Die von ihnen im sozialen Unten verorteten Menschen betrachten sie als hilflose und intellektuell nackte Wesen, die – ganz im Sinne Gehlens – auf eine Charakterbildung durch starke Institutionen als oberste „Führungssysteme" existenziell angewiesen sind. Das Bild des Menschen als Mängelwesen multipliziert sich in der Moderne zum normierten, leicht verführbaren „Massenmenschen", der das passende Gegenstück zur tayloristisch-fordistischen Massenproduktion bildet.

Auf der anderen Seite machen sich auch die Menschen, die Auftragskommunikation adressiert, immer ein Bild von denen, die reden – über sie, von ihnen, und zu ihnen. Und dieses Bild erweist sich als keineswegs steuerbar im Sinne der empirischen Wirkungsforschung. Eine Erklärung dafür liegt in einem ganz anderen Menschenbild, das jedoch in den aktuellen Debatten kaum zur Sprache kommt. Versteht man den Menschen als „animal symbolicum", als ein Wesen, das in einer symbolischen Welt existiert und fähig ist, die Bedeutungs- und Sinnzusammenhänge in dieser Welt selbst herzustellen (Cassirer 1944), so wird klar, dass jeder technokratische Plan- und Machbarkeitsoptimismus schnell an seine Grenzen stößt. Denn der Mensch erscheint in diesem Bild als ein „Möglichkeitswesen", dessen Verhalten voller Widersprüche und prinzipiell unvorhersehbar ist (von Foerster, Pörksen [1998] 2008: 59). Das Interesse der Forschung sollte sich daher auf seine Expressivität, Kreativität und die von ihm geschaffenen Fiktionen richten. So zeigen aktuelle Befunde aus der ethnographischen Feldforschung (u. a. Müller 2019) sehr deutlich die Mehrdimensionalität individueller Handlungslogiken. Dabei können Menschen jederzeit in ganz unterschiedliche Rollen schlüpfen und so zwischen den oben skizzierten Menschenbildern hin- und herspringen. Blickt man auf diese Menschenbilder, so existieren und changieren sie aus der Situation heraus und können keineswegs an den üblichen soziodemographischen Merkmalen wie Einkommen, Bildungsgrad oder der Zugehörigkeit zu einem bestimmten sozialen Milieu festgemacht werden.

Damit stellt sich für jeden, der durch Auftragskommunikation über Menschen, von Menschen, und zu Menschen spricht, eine meist unausgesprochene aber grundsätzliche Frage: Welches Menschenbild setzen wir eigentlich für die Adressatinnen unserer Kommunikation voraus? Versuchen wir, beim „animal rationale" mit Informationen und guten Argumenten Gehör zu finden? Wollen wir mit behavioristisch angelegten Werbe- oder PR-Kampagnen auf „Zielgruppen" aus passiven Massenmenschen feuern? Oder betrachten wir unser Publikum als aktive Individuen, als Möglichkeitswesen einer noch zu schreibenden Erzählung? Was in der Rechtsprechung bereits als „Entdeckung der pluralistischen Wirklichkeit" (Schweizer, 2000) zu beobachten ist, gilt ebenso für die Auftragskommunikation. Sie sollte sich gegen jeden Determinismus wenden, der einem bestimmten Menschenbild innewohnt – denn Menschen als Adressaten von Auftragskommunikation können dieser immer auf die eine oder die andere Weise begegnen.

2.2   Das Risiko der Kommunikation

Kommunikation f. [...] (< 16. Jh). Entlehnt aus 1. communicatio (-onis) ‚Mitteilung', Abstraktum von 1. communicare ‚mitteilen, teilen, gemeinschaftlich machen' [...]
Friedrich Kluge 1999, Etymologisches Wörterbuch der deutschen Sprache (Kluge 1999: 466)

Über Kommunikation gibt es verschiedene Ansichten und Prämissen. Die Wortherkunft erinnert an den sozialen Aspekt. Das schließt auch Dissozialität mit ein wie z. B. die religiöse Exkommunikation als drastischer Ausschluss aus der (Kommunikations-)Gemeinschaft.

„Es gibt Menschen, ein bisschen fettleibig und ein bisschen arm, die immer noch gerne auf dem Sofa sitzen, sich zurücklehnen und gerne unterhalten werden wollen. Das ist eine Kernzielgruppe, die sich nicht ändert." Für den Chef eines Medienunternehmens war dies der letzte Redebeitrag seiner Karriere. Üblicherweise wird Kommunikation bzw. Kommunizieren aber sehr technisch und gegenständlich mit dem Austausch von Informationen zwischen Sender*in und Empfänger*in gleichgesetzt. Dagegen gibt es Einwände:

- Im Gegensatz zu Tauschprozessen geht in Kommunikationsprozessen nichts verloren. Wer kommuniziert, gibt nichts ab, und es ist mehr als fraglich, ob Empfänger*innen durch den Kommunikationsprozess etwas bekommen.
- Die Übertragungsmetapher geht davon aus, dass Sender*in und Empfänger*in identisch sind; denn nur dann kann von einem identischen Verstehen der Kommunikation ausgegangen werden. Kommunikation als objektivierbarer Informationsaustausch ist allein schon deshalb unmöglich, weil Erwartungshaltungen von Mensch zu Mensch variieren. In der Regel unterscheidet sich die Information des Empfängers von der des Senders – denn sonst hätten wir es mit identischen Personen zu tun.
- Wie wir aus unzähligen Alltagserfahrungen wissen, gibt es Unterschiede zwischen dem Gesagten, dem Gemeinten und dem, wie beides verstanden wird, und das nicht nur im Fall von Ironie.
- Menschliche Kommunikation ist kein zwangsläufiger (technischer) Prozess. Dass eine Senderin existiert, heißt längst noch nicht, dass auch etwas empfangen wird.

Kommunikation ist, obwohl der alltägliche Sprachgebrauch es nahelegt, nicht ein Verteilen von Beständen. Für Niklas Luhmann ist Kommunikation vor allem ein Selektionsproblem. Er beschreibt Kommunikation als Zusammenkommen von drei verschiedenen Selektionen – nämlich der Auswahl einer Information, der Auswahl einer Mitteilung dieser Information und selektives Verstehen oder Missverstehen der Mitteilung und ihrer Information (vgl. Luhmann 1995: 111). Luhmann folgert provokant, dass nicht die Menschen, sondern die Kommunikation kommuniziert. Die Anschlussfähigkeit der Kommunikation bzw. die Anschlusslosigkeit, über die dann wiederum anschlussvoll kommuniziert werden kann, wird zum entscheidenden Kriterium von Kommunikation.

Es gibt aber noch zwei weitere hier zu erwähnende praktische Konsequenzen des Luhmannschen Kommunikationsverständnisses: Zum einen ist jede Kommunikation riskant, weil sie abgelehnt werden kann und je höher die Wahrscheinlichkeit einer Ablehnung, desto eher neigt man dazu, die Kommunikation sein zu lassen. Zweitens wird aufrichtige Kommunikation gerade durch die Aufrichtigkeit als unaufrichtig wahrgenommen, weil jede Information automatisch auch das Gegenteil kommuniziert. „Clean Diesel", „Frisches Denken für bessere Autos" … Kommunikation dupliziert die Realität, weil automatisch die andere Option einer Information – dass es auch anders sein könnte – mitkommuniziert wird. Genau das ist das Problem der vielbeschworenen Allheilmittel Authentizität und Aufrichtigkeit. Wenn wir davon ausgehen müssen, dass das Gesagte nicht das Gemeinte ist, dann kann man umgekehrt auch nicht sagen, was man meint, ohne in Verdacht zu geraten, dass dahinter wiederum etwas Uneigentliches steckt. Neues Ungemach droht durch die neue Lieblingsvokabel „Purpose". Wirtschaftsunternehmen sollen nicht nur Gewinn machen, sondern auch einen Beitrag für Menschenrechte, Umwelt- und Klimaschutz etc. leisten. Einerseits ist hausgemachten Skandalen dadurch Tür und Tor geöffnet. Ein anderes Problem ist die mögliche Fehlleistung der Kommunizierenden. Gedanken rutschen – als Freudsche Versprecher – heraus, werden zum Thema und müssen dann gezwungenermaßen durch weitere Kommunikation behandelt werden. Was einmal auf die Agenda der Kommunikation gesetzt wurde, lässt sich nicht einfach wieder tilgen, sondern verlangt wiederum Kommunikation. Erschwerend kommt die Eigenart von Aufzeichnungsmedien hinzu. Kommunikation in elektronischen Medien ist für das Publikum live und unmittelbar. Es ist nicht möglich – wie beim Dreh eines Werbespots – die Szene mehrmals zu wiederholen oder eine Pressemitteilung nachträglich zu korrigieren. Eben diese Montagemöglichkeiten besitzen aber die öffentlichen, privaten und vor allem die so genannten sozialen Medien. Man muss also stets damit rechnen, dass die Botschaft nicht mehr im Sinne der Intention des Sprechers ist. Dazu kommt die zeitliche Unbestimmbarkeit der Veröffentlichung vorzugsweise nicht mehr linear rezipierter Medien. Die Sprecherinnen haben dadurch die Kontrolle über ihre öffentlichen Äußerungen weitestgehend verloren. Es kann leicht passieren, dass eine ursprünglich adäquate Äußerung in anderer zeitlicher, sozialer und inhaltlicher Konstellation völlig deplatziert wirkt.

Das Risiko der Kommunikation besteht aber nicht nur in der Annahme und Ablehnung von Kommunikation als Voraussetzung für weitere Kommunikation. Das Risiko der Kommunikation betrifft alle drei Einzelselektionen. Das Risiko der Mitteilung betrifft die Selektion dieser im Rahmen eines Überflusses an Kommunikationsangeboten. Das Risiko der Information betrifft die Differenz zwischen Sender- und Empfängerinformation und das Risiko des Verstehens besteht in der Möglichkeit des Miss- oder Nichtverstehens einer Kommunikation. Andererseits offenbaren Widersprüche neue Wahrheiten; denn Widersprüche und Paradoxien sind eine der größten Herausforderungen des abendländischen Denkens. Als rhetorische Strategie genutzt, offenbaren Paradoxien neue Wahrheiten „als Figuren des Widerstands gegen die Machtergreifung der Logik des Entweder-Oder" (Geyer 2002: 12).

2.3 Das Risiko der Entscheidung (für Kommunikation)

Risiken lösen kognitive Dissonanzen aus. Es entsteht eine Sehnsucht nach einer orientierenden Konsonanz, nach Eindeutigkeit, selbst wenn diese um den Preis der Ersetzung des Faktischen durch eine Fiktion geschieht. Die VW-Werbekampagne „Meet the Volkswagen TDI Clean Diesel Family" (https:// www.autoservvw.com/clean-diesel.htm) hat 2015 in den USA hierfür ein Beispiel geliefert. Die fiktive Suggestion umweltverträglicher Abgaswerte durch reale Manipulation von Dieselmotoren und ihrer Software hat ein Grundprinzip der Werbung auf den Kopf gestellt. Nicht die Werbeinhalte waren manipulativ, sondern ihre strategische Ausrichtung, die in der Folge zum sogenannten Diesel-Skandal führte. Die US-Administration Trump ging 2017 einen deutlichen Schritt weiter. Nachdem der TV-Sender NBC Meldungen der US-Regierung zu Publikumszahlen bei der Amtseinführung von US-Präsident Donald Trump mittels Luftaufnahmen als falsch einschätzte und ironisch kommentierte, reagierte Kellyanne Conway als Beraterin Trumps auf dem Fernsehsender NBC mit einem für die Kommunikationsbranche legendären Statement gegenüber der Arbeit amerikanischer Journalist*innen: „Your job is not to call things ridiculous that are said by our press secretary and our president. That's not your job, (…) That's why we feel compelled to go out and clear the air and put alternative facts out there." (Kellyanne Conway, Senior Adviser US-President Donald Trump, 21.01.2017, NBC's Meet the Press).

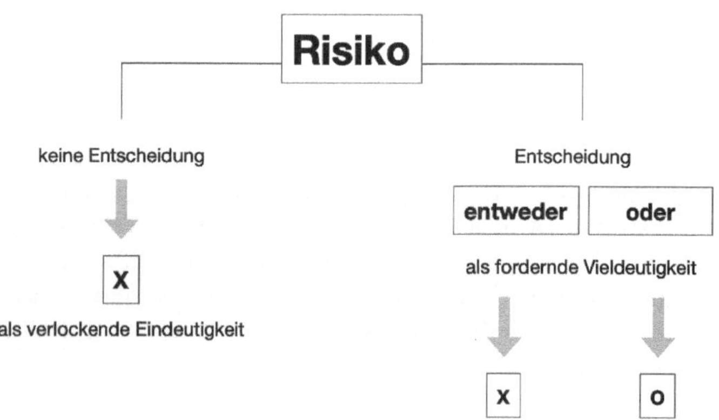

Abb. 2.1 Risiko und Entscheidung. (Eigene Darstellung)

Sowohl die Strategie, Werbefiktionen („saubere Autos") als Faktualität zu kommunizieren, als auch die Strategie der „alternative facts" sind Versuche, Vieldeutigkeit zu unterbinden. Die Adressaten sollen keine Entscheidung fällen und das Risiko der Entscheidung so wenig eingehen wie das Risiko einer ergebnisoffenen Kommunikation (s. Abb. 2.1). Das ist ein Charakteristikum des Populismus, der stets eindeutige Geschichten erzählt.

2.4　Unternehmen und Institutionen erzählen und werden erzählt

Seit Menschen miteinander kommunizieren, erzählen sie sich Geschichten, Sagen, Legenden; sie erzählen Märchenhaftes und Episches. Diese Erzählungen machen die Vielgestaltigkeit und Vieldeutigkeit menschlicher Taten, Wünsche, Träume und Schicksale erlebbar. Nach Sigmund Freud brauchen wir vor allem in der Kindheit Geschichten, um mit der Kraft der Phantasie unser „Unbehagen in der Kultur" (vgl. Freud [1930] 1999), die uns so viele Verzichte abverlangt, auszuhalten. Wir werden in unseren Tagträumen sozusagen selbst zu Dichter*innen, indem wir in unseren Geschichten gut wegkommen (vgl. Freud 1908). Romane begeistern uns meist dann, wenn wir mit unserer Phantasie in sie eintauchen können, als wären wir Teil der Geschichte, die wir unmittelbar erleben. Laut dem psychoanalytischen Literaturtheoretiker Carl Pietzcker schaffen wir uns dabei unsere eigenen „Repräsentanten". Dabei tauchen die Romanfiguren vor unseren Augen auf, die wir dann als Menschen erleben, die wir kennen – Väter, Mütter, geliebte, begehrte oder verachtete und gehasste Figuren. Wir verleihen ihnen „Repräsentanz" in unserem ganz persönlichen Erleben. (vgl. Pietzcker 2011: 70 f.). Voraussetzung dafür ist, dass wir unsere Zweifel gegenüber einer Geschichte beiseitelassen und uns auch auf die Widersprüche einlassen. In der Romantik nannte das der Dichter und Theoretiker Samuel Taylor Coleridge „the willing suspension of disbelief" (Coleridge [1817] 1907: 6). Wir schließen, wie es Umberto Eco formuliert hat, einen „Fiktionsvertrag" (Eco 1994: 103) mit Dichter*innen – sie liefern uns faszinierende fiktive Welten und wir lassen uns auf die Geschichte ein und unsere Zweifel beiseite. Diese psychoanalytische Lesart erzählter Geschichten lässt sich nun auch auf die Auftragskommunikation übertragen. (vgl. Galling-Stiehler 2017).

Unternehmen und Institutionen erzählen Faktisches wie Fiktives. Sie erzählen Geschichten. Beispiele sind hier die Gründungsmythen von Organisationen wie beispielsweise Siemens oder Greenpeace. Die Geschichten erscheinen, wie Malcom Gladwell sagt, „unwiderstehlich" und damit massenmedial anschlussfähig, da sie zur rechten Zeit vom rechten Boten erzählt werden. (vgl. Gladwell [2000] 2002). Mit ihnen, so die strategische Vermutung, lassen sich komplexe Themen und Situationen einfacher verstehen und „rahmen": „Narratives are about the ways that issues are framed and responses suggested." (Freedman 2006: 22 f.) So ist im 21. Jahrhundert das „Storytelling" und „Storymanagement" (Loebbert 2008) zu einer inflationären Disziplin der Auftragskommunikation geworden. Nicht der Rede wert war dabei die Frage, wer erzählt und wer zuhört. Franz Liebl und Olaf Rughase haben für das „Storytelling" (vgl. Gabriel 2000) einen aus psychoanalytischer Sicht plausibleren Namen gefunden: „Storylistening" (vgl. Liebl, Rughase 2002). Salopp formuliert: Es macht Sinn, erstmal den Menschen zuzuhören, denen man Geschichten erzählen will.

Verantwortung für Narrationen
„Narratheme", im Sinne von Erzählfiguren, als „Strategeme", im Sinne von konzeptionell eingesetzten Kommunikaten, aufzufassen (vgl. Galling-Stiehler 2017: 189), fordert nach unserer Überzeugung kommunikative Verantwortung. Nicht jede Geschichte, die sich unwiderstehlich erzählen lässt, sollte erzählt werden. Die Hauptkritik am Fiktionsvertrag richtet sich gegen das Fiktive und Imaginäre als Vertragsgegenstand. Das Spektrum reicht vom Wunschtraum zum Albtraum und Narrationen können, das zeigen die identitären Geschichten des Populismus und insbesondere ihre Verschwörungstheorien, ein mächtiges Beeinflussungspotenzial entfachen. Menschen brauchen Geschichten und durch Geschichten werden Menschen auch missbraucht. Die Frage ist, wem das zum Vorteil gereicht – cui bono. Man kann Menschen Geschichten kaum ausreden, aber man erfährt über sie vor allem etwas über die Probleme, die geistigen Verfasstheiten von Unternehmen und Institutionen und ihrer Autorinnen und Autoren. Die Methode dafür nennen wir Selbstvergewisserung.

Auftragskommunikation 3

Der Begriff der Auftragskommunikation beschreibt nach unserem deskriptiven Verständnis eine dynamische Praxis der Kommunikation, in der Menschen im Auftrag von Unternehmen und Institutionen sprechen, bzw. sich verbal und nonverbal ausdrücken und austauschen. Diese Funktion wird, wie im Vorigen beschrieben, in der Kommunikationswissenschaft, wie auch in der Wirtschaftswissenschaft zunehmend als eine erzählerische gefasst – als eine narrative Funktion. „Unternehmen, Konsumenten und Ökonomen entwickeln Überzeugungen und koordinieren ihre Einschätzung in kommunikativen Prozessen." (Beckert [2016] 2018: 428) Dabei haben narrative Darstellungsformen im Horizont einer ungewissen Zukunft offensichtlich einen Wettbewerbsvorteil gegenüber rationalen Modellen und Prognosen. Hinter diesem Wettbewerb der Erwartungen stehen Interessen der beteiligten Akteurinnen und Akteure. Auftragskommunikation beginnt innerhalb der Organisation mit der Frage, was auf die Agenda kommt und weiterverfolgt und entschieden werden muss, um dann in den Märkten bzw. Foren der Wirtschaft und Gesellschaft Erwartungen zu beeinflussen. Beckert (ebd.: 432) betrachtet diese „bewusste Beeinflussung von Erwartungen" als „Schlüsselmerkmal" narrativer Ökonomien.

3.1 Wirtschaft erzählt: Narrative Economics

Narrative faszinieren die Volks- und Betriebswirtschaftslehre. Sie werden auch verantwortlich gemacht für destruktive ökonomische Entwicklungen. Nobelpreisträger Robert J. Shiller verleiht ihnen in seiner Vorstellung einer erzählenden Wirtschaft („Narrative Economics") anschauliche Bedeutsamkeit und verwendet dabei die Metapher der Epidemiologie. Erzählungen können wie

J. Schulz et al., *Auftragskommunikation*, essentials,
https://doi.org/10.1007/978-3-658-30583-3_3

hochansteckende Erreger ganze Volkswirtschaften infizieren und in den Bann ziehen. Für Shiller spielen Narrative bei der Krisenfrüherkennung daher eine entscheidende Rolle. Sein Forschungsprogramm zielt insbesondere darauf ab, die ökonomischen Auswirkungen von Geschichten quantitativ zu erfassen. Narrative sind nach seiner Definition Erklärungsansätze, die plausibel erscheinen, sich gut weitererzählen lassen und auf Resonanz treffen, sodass eine Infektionskette entsteht. (vgl. Shiller [2019] 2020) Narrative brauchen Akteurinnen. Hervorzuheben ist aber auch die transitorische Funktion, Erklärungen für eine ungewisse Zukunft zu finden. Genau diese Funktion von Narrativen in der zeitlichen Sinndimension einer stets ungewissen Zukunft ist für Beckert Anlass, über „imaginierte Zukunft" zu schreiben. Das Unternehmen Tesla mit seinem Gründer Elon Musk ist wie die meisten Unternehmen in Silicon Valley ein Paradebeispiel für die von Beckert beschriebenen imaginierten Zukünfte. Der ehemalige Bundesverfassungsrichter Udo Di Fabio urteilt entsprechend:

> „Visionen locken das vagabundierende globale Kapital an. Jemand wie Elon Musk baut Geschäfte nicht so auf, wie man es sich traditionell vorstellt. Traditionell entwickelt man ein Produkt, bringt es auf den Markt, hat Erfolg. Der Markt reagiert, der Verbraucher bestimmt mit, in dem er das Produkt kauft, und durch den Erfolg ist dann eine Neuinvestition möglich. Dieses scheinbar altväterliche Modell soll nunmehr komplett anders funktionieren. Zuerst hat man das Kapital und eine Idee, die durchaus vage sein kann. Sie muss lediglich darauf angelegt sein, dass daraus günstige Machtpositionen oder gar Monopole entstehen können." (Di Fabio 2019: 5)

3.2 Selbstvergewisserung als Methode: Menschen erzählen, was Sinn macht

Auch bei Narrative Economics entsteht ein erstaunliches Paradox. Je mehr die Bedeutung von Narrativen betont wird, desto unklarer erscheint der Prozess, in dem sie entstehen. Wie erschließen sich beauftragte Kommunikatorinnen und Kommunikatoren dabei Inhalt, Form, Tonalität und Dramaturgie? Wie kommen Organisationen eigentlich zu ihren Stories? Und: Wer sind die Autorinnen und Autoren und warum haben sie diese Funktion erhalten?

Unsere Maxime ist: Kommunikation ist konstitutiv und gestaltend, nicht instrumentell. Auftragskommunikation braucht daher die Selbstvergewisserung derjenigen, die in ihrer Arbeit die Sinnhaftigkeit und das Wertversprechen konstituieren. Sie sind auch diejenigen, die im Gespräch stehen mit den Menschen, die als Kundinnen, Aktionärinnen, Wähler, Partner etc. Anteil nehmen an einer Organisation – als „Stakeholder". In ihrem Tun liegen die Erzählungen, die zu Narrativen werden. Dass sich heute so viele Unternehmen, aber auch lange etablierte gesellschaftliche Institutionen, sehr ähnliche Narrative zu eigen machen – allen voran Erzählungen von Klimaschutz und Nachhaltigkeit – lässt vermuten, dass sie eher einem „Home of Purpose" entstammen, als der Reflexion über das eigene Tun. Corporate Stories sind immer auch Produkte in der Narrative Economy.

Das Selbst ist eine auf eine Persönlichkeit ausgelegte Beschreibung. Sie auf Organisationen anzuwenden, hat daher einen doppelten Sinn: Zum einen adressiert sie in diesem Zusammenhang den Begriff der Organisationspersönlichkeit als einen Hilfsbegriff für die Beschreibung einer Selbstähnlichkeit korporierten Verhaltens. Dem wendet sich die Methode der Selbstvergewisserung zu, indem die Persönlichkeiten, die diese Selbstähnlichkeit assimilieren, sich ihrer Arbeit vergewissern als diejenigen, die den Sinn und das Wertversprechen ihrer Organisation repräsentieren. Im Gegensatz zum Design Thinking ist es hier die Kreativität der Selbstreflexion einer internen Gruppe von Repräsentantinnen und Repräsentanten, nicht die Einbeziehung externer Perspektiven, die im Zentrum stehen. Der Prototyp als Mock-up wird hier sozusagen zum Back-up. Es geht weniger darum, etwas Neues zu schaffen, als um neue Möglichkeiten in der Selbstwahrnehmung und im Handeln derjenigen, deren Kollaboration und Kooperation eine Organisation ausmacht und ausmachen wird.

Die Methode versteht Selbstvergewisserung als progressiv – „proflektiv" im Sinne von Marcus Steinweg (2019). Diese liegt für uns in den drei Schritten einer ethnographischen (Feld-) Forschung, die die eigene Organisation zum Feld einer qualitativen Beobachtung macht, der Interaktion (etwa in der Form von Workshops), in denen die Selbst- und Fremdbeobachtungen abgestimmt werden, um eine gemeinsam geteilte Sinnhaftigkeit und das damit verbundene Wertversprechen zu klären, und schließlich in der Gestaltung in Form von konkreten Kommunikaten der Selbstdarstellung in etablierten Darstellungsformen der Public Relations, Corporate Communications, Public Affairs, des Marketings etc. In diesem Prozess werden drei Fragen beantwortet:

1. Forschung beantwortet die Frage: Worüber sprechen wir, wenn wir über uns und unsere Leistungen sprechen?
2. Interaktion beantwortet die Frage: Warum sprechen wir mit wem worüber?
3. Gestaltung beantwortet die Frage: Wie sprechen wir mit welchen Worten und Zeichen?

3.3   Forschung: Erzähler*innen im Feld

Ein Arzt, mit Kaffeebecher in der Hand – Ein Pfleger im blauen Kittel – Drei ältere Damen sitzen an der Wand – Ein Kleiderständer mit Hut – Ein Mann mit Turnschuhen und blauer Skijacke – Eine Radiologie-Technikerin ruft eine Patientin auf – Stille – Die Aufzugklingel – Eine Verabschiedung, herzliches Lachen – Die Tür zur Anmeldung geht auf – Eine Ärztin mit hängendem Kopf – Die Aufzugklingel – Ein RT mit weißem Kapuzenpullover – Stille – Eine Stimme aus der Anmeldung fliegt herüber – Eine RT mit weißem Zettel in der Hand – Eine RT schiebt eine Frau im Rollstuhl – Stille – Die Tür zur Anmeldung öffnet sich – Eine RT kommt heraus – Die Ärztin mit hängendem Kopf schlurft zurück – Die Aufzugklingel – Ein Telefongespräch in der Anmeldung – Der Mann mit der blauen Skijacke – Ihm fallen die Augen zu – Die Aufzugklingel – Eine RT mit Brötchentüte, schnellen Schritts – Der RT mit weißem Kapuzenpullover – Eine Ärztin, der Mann mit der Skijacke grüßt – Die Aufzugklingel – Eine Patientin meldet sich an – Eine Flasche Kontrastmittel wird gereicht – Ein Mobiltelefon klingelt – Ein Kugelschreiber fällt zu Boden – Stille – Die Aufzugklingel – Ein Putzmann mit Eimer und Mopp – Das Mobiltelefon klingelt erneut – „Ach so. Nein, ich muss jetzt zur Computertomographie".

Dokumentation einer Feldforschung in einem Krankenhaus (eigene Studie im Auftrag einer medizinischen Fachgesellschaft 2019).

Das Beispiel der Dokumentation einer Feldforschung soll zeigen: Im Mittelpunkt jedes ethnographischen Forschungsvorhabens steht die persönliche, unmittelbare Erfahrung der Forscher*innen im Feld: Was sehe ich, was höre ich und was erlebe ich? Das Erkenntnisinteresse der Ethnographie richtet sich auf die Erkundung sozialer Phänomene, die sie *zur Sprache* bringen will. Ethnographische Forschung will aufspüren, erkunden, beschreiben und deuten. Es geht ihr um die „Verwandlung von Fremdem in Vertrautes und von Vertrautem in Befremdliches" (Breidenstein et al., 2015: 13). Die Ethnographie selbst ist keine Methode, sondern ein qualitativ-interpretatives Forschungsverfahren, das sich eines vielseitigen Methodenkoffers bedient, der kontinuierlich weiterentwickelt, kombiniert und ergänzt wird. Neben der teilnehmenden Beobachtung bzw. beobachtenden Teilnahme werden meist semistrukturierte, themenzentrierte oder narrative Interviews geführt, mit Fotos und Videos dokumentiert, oder Artefaktanalysen durchgeführt. In diesen Gesprächen kann auf eine Mischung aus deskriptiven Fragen (z. B. „Grand-Tour-Questions"), strukturellen Fragen und Kontrastfragen zurückgegriffen werden. Mithilfe von Smartphones können auch spontane Gesprächssituationen minimal-invasiv aufgezeichnet, audiovisuell festgehalten und später transkribiert werden. Gegenstände, Alltagspraktiken und Gewohnheiten können fotografisch dokumentiert und mit Feldnotizen angereichert werden. Zurück am Schreibtisch werden diese Notizen in Protokolle und analytische Memos der Forschenden überführt.

Die Ethnographie diente zuerst der Beschreibung von Völkern, wie sie von Bronislaw Malinowski (1922) vorgenommen wurde. Sein Ziel war es, den Standpunkt des „Eingeborenen", seinen Bezug zum Leben zu verstehen und seine Sicht auf seine Welt vor Ort selbst mitzuerleben. Denn implizites (z. B. kulturelles) Wissen kann weder in Laborsituationen noch durch eine reine Befragung aufgedeckt werden – weil „wir mehr wissen, als wir zu sagen wissen." (Polanyi [1966] 1985: 14). Diese Forschungshaltung liefert auch in der heutigen Zeit einen wertvollen Schlüssel, um das Handeln von Organisationen und deren Stakeholdern besser zu verstehen. Denn im Unterschied zu einer oft quantitativ angelegten „Oberflächenempirie" fragt die Ethnographie nach dem Warum. Anstelle des linearen Ablaufs quantitativ-standardisierter Erhebungen ist das Forschungsdesign ethnographischer Forschung rekursiv angelegt. Es verläuft in einem Zyklus, in dem sich Materialgewinnung und -analyse abwechseln, wobei die Ergebnisse in die nächste Erhebungsphase einfließen. Ethnographie versteht sich als eine reflexive Forschung, die auch die Rolle der Forschenden im Feld und ihre Entscheidungen thematisiert. Diese Reflexivität entsteht aus dem Dialog zwischen „uns" und „ihnen", also zwischen den Forschenden und den Menschen, die wir untersuchen (vgl. Burawoy, 1998: 7).

Auch jede wissenschaftliche Forschung setzt, explizit oder implizit, ein bestimmtes Menschenbild voraus. Menschenbilder in den Wissenschaften können als Hypothesen für die Forschung dienen, als ein Resultat von Forschung formuliert werden, oder in eine bestimmte Theorie bzw. ein wissenschaftliches Paradigma eingebettet existieren. Geht man von einer grundsätzlichen Mess- bzw. Vermessbarkeit des Menschen aus, so unterstellt man dessen Machbarkeit, wie sie beispielsweise Watson und Skinner als Vertreter der behavioristischen Psychologie postulierten. Sieht man den Menschen dagegen als animal symbolicum, das aus einem Universum der Zeichen schöpft, um immerzu an seinem Identitätsprojekt zu schreiben, so muss der Zugang zu dessen Welt ein anderer sein: Der Mensch erzählt sich. Es lohnt sich daher auch für die Auftragskommunikation das Subjekt, den Menschen selbst, in den Fokus ihres Erkenntnisinteresses zu nehmen. Es geht darum, gemeinsam Sinn zu erschließen.

3.4   Interaktion: Sinndimensionen im Austausch

Der inflationäre Gebrauch des Schlagwortes Purpose verdeckt die Mannigfaltigkeit der Bedeutungen im Deutschen. Das Bedeutungsspektrum reicht von Ziel, Zweck, Aufgabe, Bestimmung, Vorsatz etc. bis zum Begriff des Sinns. Was im Einzelfall gemeint sein könnte, hängt wie so oft ab vom Kontext und der Intention. Wer von Purpose spricht, sucht nach einer wertorientierten Festlegung und Abgrenzung. Dahinter steht die Verlockung der Eindeutigkeit. Im Gegensatz dazu ist Sinn als Grundbegriff sozialen Handelns differenzlos. Naturkatastrophen, Pandemien, der Wechsel der Jahreszeiten, die Teilchenphysik und das Wellenmodell, Kosten und Erträge: „alles hat Sinn" (Luhmann 1984: 110), auch wenn es unschön oder nicht gewollt ist. Eine einschränkende Definition des Substantivs ist daher so schwer wie unsinnig zugleich; denn „allen psychischen und sozialen Prozessen ist »Sinnzwang« auferlegt; Sinn kann man weder vermeiden noch verneinen." (ebd.: 95) Aber Sinn reduziert die Handlungsmöglichkeiten, erleichtert Entscheidungen und ermöglicht damit die Reduktion von Komplexität. Luhmann schlägt vor, zwischen sachlicher, zeitlicher und sozialer Sinndimension zu unterschieden (ebd.: 111 ff.):

- Sachdimension
  Entscheidend ist, dass es kein Apriori, keinen Sinn an sich gibt. Das gilt zum Beispiel für Erfindungen wie die von Konrad Röntgen entdeckte Strahlung oder die Entdeckung des Bakteriologen Alexander Flemming. Sinnfindung ist also ein Prozess der darin involvierten Menschen. Es ist müßig nach den Dingen an sich zu fragen. Vielmehr bestimmen Text, Bild und Sprache die Bedeutung der Sachdimension. Das, was im organisationalen Geschehen jeweils gerade „Sache" ist, ist letztlich eine höchst kontingente Angelegenheit. Der Prozess des Erkundens eines Sachverhaltes kann von innen nach außen (inside-out) oder von außen nach innen (outside-in) erfolgen. Beispielsweise weckt die Outside-in-Perspektive der fortschreitenden Digitalisierung Befürchtungen der Obsoleszenz.
- Sozialdimension
  In der Sozialdimension geht es um den Menschen, genauer um die verschiedenen Positionen und Erwartungen der beteiligten Akteurinnen (z. B. Berufsgruppen). Eine Herausforderung der Sozialdimension ist es, Alternativen zu finden für tradierte Autorität. Neben dem „Postheroischen Management" (Baecker 1994) als Alternative für heroische Führung geht es speziell um die Gleichberechtigung und Chancengleichheit von Mann und Frau. Viele Überlegungen werden beherrscht vom Primat der

Zweckrationalität. Und man übersieht dabei, dass Entscheidungen nicht nur auf Präferenzen (gut vs. schlecht), sondern vor allem auch auf Erwartungen beruhen. „Demnach erschöpft sich der soziale Aspekt des Sinnes einer Handlung nicht in dem Hinweis darauf, dass ein anderer Mensch mit bestimmten Typmerkmalen […] existiert; sie liegt vielmehr in der Erkennbarkeit gemeinsamen Sinnes, und diese Erkennbarkeit hat strukturelle Relevanz dadurch, daß sie Aufschluß darüber gibt, was der andere erwartet." (Luhmann 1971: 63 f.) Sinngemeinschaften lösen historisch bedingte Differenzierungen wie Stratifikation und Segmentation ab. Wir wollen die mit dieser subjektiven Gleichbehandlung einhergehenden Probleme nicht verhehlen – beispielsweise die Zumutung eines unternehmerischen Selbst (Bröckling 2007).

- Zeitdimension
  Zeit ist ein rätselhaftes Phänomen. Zeit wird nicht selten als Ware beschrieben, von der man meistens nie genug haben kann. In der Zeitdimension geht es um den Bezug von Gegenwart und Zukunft. Ein probates Erkenntnisinstrument ist die Wahrscheinlichkeitsrechnung. Dabei wird aber gründlich missverstanden, dass diese ja eigentlich zur Berechnung von Unsicherheiten erfunden wurde. Alles Zukünftige ist Fiktion. Hierbei unterscheidet Luhmann zwischen „gegenwärtiger Zukunft" und „zukünftigen Gegenwarten, die immer genau so sein werden wie sie sein werden und nie anders." (Luhmann 1992: 140) Auch in zeitlicher Dimension bleibt der Sinn also ambivalent und aushandelbar, changierend zwischen Gegebenem und möglicherweise Entstehendem. Schnelligkeit bzw. Beschleunigung und Dynamisierung sind eine Herausforderung. Ebenso herausfordernd ist es, in gleichförmigen Routinen Überraschungen ertragen zu können. Auf Luhmanns Frage „In welchen Formen präsentiert sich die Zukunft in der Gegenwart?" (1992: 129) gibt es trotzdem nur eine Antwort: „Die moderne Gesellschaft erlebt die Zukunft in der Form des Risikos von Entscheidungen" (ebd.: 141 f.), die mehr Optionen berücksichtigen müssen als sie nutzen können.

Die Analyse verlangt Differenzierung der Sinndimensionen und zunächst eine isolierte Betrachtung. Selbstvergewisserung integriert die Sinndimensionen. Kommunikation im Sinngebungsprozess ist deswegen so entscheidend, weil Entscheidungen viel weniger als wir uns rational gern eingestehen möchten geplant sind und stattdessen vor allem retrospektiv und prospektiv interpretiert werden. Karl Weick formuliert dafür ein Rezept der Sinngebung, das die konstitutive Rolle der Kommunikation hervorhebt: „Wie kann ich wissen, was ich denke, bevor ich sehe, was ich sage." (Weick [1969] 1998: 195)

Der Zusammenhang von Potentialität und Aktualität lässt sich an dem Beispiel der Karriere verdeutlichen. Jeder Karriereschritt ermöglicht einen Standpunkt für zukünftig Mögliches. Auch die Arbeit von Redakteurinnen und Journalisten ist laufendes Aktualisieren von Möglichkeiten aus einem unbegrenzten Fundus von Gegebenem und Möglichem. Selektionszwang bedeutet, dass es mehr Möglichkeiten gibt als aktuell genutzt werden können und daher entschieden werden muss, wie es weiter gehen soll. Auch nicht realisierte Entscheidungs-optionen bleiben weiterhin verfügbar, um ggf. später wieder darauf zurückzu-greifen. Um diese in der Auftragskommunikation zu kommunizieren, braucht es Profis, die den Auftrag annehmen. Ihre textlichen, grafischen, audiovisuellen Ausdrucksformen brauchen wiederum eine Distanz, die ihnen den notwendigen Gestaltungsspielraum verschafft.

3.5   Gestaltung: eine „actio per distans"

Shiller und Beckert teilen die Faszination für Narrative Economics und miss-trauen ihnen zugleich. Eine Empfehlung des amerikanischen Magazins „The Atlantic" auf dem Buchrücken lautet entsprechend: „Jens Beckert legt gründlich, umfassend und überzeugend dar, warum stimmt, was viele über den Kapitalis-mus denken: dass er ein Luftschloss ist, gebaut auf Fantasien an der Grenze zu Betrug." Der Verdacht hinter der Kommunikation schwingt also immer mit, wenn Ökonomen sich „in eine Ecke ihrer Universität, mit der sie oft nicht vertraut sind: Die Fakultät für Literaturwissenschaft" (Shiller 2020: 42) begeben. Es ist der Hautgout des Persuasiven, Imaginären, der Verschleierung und Verfälschung, des Uneigentlichen und des uneingelösten Gebrauchswertversprechens, der die Beschäftigung der Ökonomie mit Narrativen umweht.

Würde man aber genauer nachforschen in diesen Disziplinen, deren Gegen-stand die Poetik und Hermeneutik ist, stieße man auf eine Seelenverwandtschaft von Ungewissheit und Unbegrifflichkeit. In der Theorie der Unbegrifflichkeit beschreibt Hans Blumenberg die Entstehung von Kommunikation im Zusammen-hang mit der Entwicklungsgeschichte des Menschen. (vgl. Blumenberg 2007) Unsere Vorfahren waren aufgrund ihrer körperlichen Verletzlichkeit gezwungen, sich Feinde auf Distanz und vom Leib zu halten. Zunächst war die Flucht das probate Mittel. Blumenberg spricht von einer „Drehpunktsituation" (ebd.: 13), in der sich der Mensch durch „Handlung auf Entfernung, der *actio per distans,* in der Handlung des Wurfes" (ebd.) zu erwehren lernt. Analog zu Wurfgeschossen und Fallen, die dem Menschen Raum- und Zeitgewinn ermöglichten, überbrückt Sprache die Distanz zwischen dem, was ist und dem, was sein soll. „Der Begriff ist aus der *actio per distans,* aus dem Handeln auf räumliche und zeitliche Entfernung entstanden." (ebd.: 11) Davon zeugen nicht zuletzt die ersten bildsprachlichen Äußerungen in den Höhlenmalereien der Steinzeit. Distanz kennzeichnet die weitere zeichentheoretische Beschäftigung. Auf das Signifikat (Bezeichnete) wird in der strukturalistischen Linguistik und Semiotik durch ein Signifikant (Bezeichnendes) verwiesen. Von den eigentlichen Gegenständen sind aber Signifikat und Signifikant zu unterschieden. Von dem Wort Energie geht keine Energie aus. Der Energiebegriff bedarf weiterer Erläuterungen, Formeln, Interpretationen, Bilder, Metaphern etc. Das macht die Dinge nicht eindeutiger, aber erzählbarer.

Die Herausforderung einer räumlichen und zeitlichen Entfernung besteht für jede auf die Zukunft ausgerichtete Handlung und Erwartung. Die „actio per distans" ist ein Risiko im oben beschriebenen Sinne. Auch die mit der Bezeichnung „Anthropozän" bezeichnete Einflussnahme des Menschen auf biologische, geologische und atmosphärische Prozesse auf der Erde ist ein weiterer Angelpunkt einer actio per distans. Die Folgen gegenwärtiger und vergangener Entscheidungen sind nicht unmittelbar spürbar. Erzählungen, die nun unabhängig von konkreten Entscheidungen bestellt und nach den Genre-Regeln der Kommunikationsbranche – etwa als „Vision", „Unternehmensphilosophie" oder „Corporate Social Responsibility" – konfektioniert werden, zeigen eine andere Form der Distanz. Sie nehmen Abstand vom Sinn und Wertversprechen der jeweiligen Unternehmen und Institutionen und werden Teil des weißen Rauschens eines „Purpose", der auf dem „Meinungsmarkt" (Kirf, Rolke 2002: 18) gerade hoch im Kurs steht.

Ernst Cassirer verdanken wir eine inzwischen leider wieder vergessene Wendung, die in Analysen über narrative Ökonomien in der Regel ausgeblendet wird. Gerade weil der Mensch unfähig ist zu unmittelbarer Erkenntnis der Wirklichkeit und damit dem Anspruch als animal rationale nicht gerecht werden kann, wirkt er als animal symbolicum. Dieses „lebt nicht mehr in einem bloß physikalischen, sondern in einem symbolischen Universum. Sprache, Mythos, Kunst und Religion sind Bestandteile dieses Universums. Sie sind die vielgestaltigen Fäden, aus denen das Symbolnetz, das Gespinst menschlicher Erfahrung gewebt ist" (Cassirer [1944] 2007: 50). Der Vorwurf der Ökonomie an die Kommunikation (animale rationale versus animal symbolicum), „unberechenbar" zu sein, wird, umgemünzt in die Fähigkeit zur Selbstüberzeugung und -vergewisserung.

Genau um diese Idee der Weltdeutung und Interpretation ging es bereits Yiannis Gabriel in seinem Buch über Storytelling in Organisationen (2000), das eigentlich den Titel Storylistening verdient hätte. Der Titel wurde danach aber zum Schlagwort für eine Beraterzunft mit dem Angebot, durch Geschichtenerzählen Kunden, Mitarbeiter*innen und weitere Stakeholder zu beeinflussen. Wir greifen diesen ursprünglich analytischen Ansatz von Gabriel auf und lassen uns im Feld erzählen, um die Fakten, Fiktionen und Fantasien zu erfassen und sie mit ihren Erzähler*innen zu Darstellungsformen der Auftragskommunikation zu transformieren.

3.6 Nexus: Auftragskommunikation heißt, für Unternehmen und Institutionen zu sprechen

Unternehmen und Institutionen sprechen über sich und ihre Leistungen, indem sie Menschen in doppeltem Wortsinn beauftragen: Sie weisen sie an und bestellen bei ihnen Ideen und Gestaltung.

Eine Maxime gewinnt dabei an Dominanz: Kommunikation, die funktioniert. Clicks, Sales, Likes, Follower … – der Effekt wird zum Anlass; die bestellte Wirkung ersetzt die richtungsweisende Ursache.

Unsere Maxime: Kommunikation ist konstitutiv und gestaltend, nicht instrumentell. Auftragskommunikation braucht daher Selbstvergewisserung.

Das bedeutet für uns: Auftragskommunikation braucht den Austausch mit denjenigen, die durch ihre Arbeit Sinn und Wertversprechen ihres Unternehmens oder ihrer Institution konstituieren. Sie sind diejenigen, die wiederum im Gespräch sind mit den Menschen, die Anteil nehmen an der Organisation (Stakeholder). Mit ihnen finden sich Antworten auf die drei Fragen, die die Akteure der Auftragskommunikation beantworten müssen:

1. Worüber sprechen wir, wenn wir über uns und unsere Leistungen sprechen?
2. Warum sprechen wir mit wem worüber?
3. Wie sprechen wir mit welchen Worten und Zeichen?

Glossar: Disziplinen der Auftragskommunikation 4

Auch bei den Disziplinen der Auftragskommunikation zeigt sich ein Paradox: Nicht zuletzt durch die Zunahme der Kommunikation von Organisationen durch die Möglichkeiten digitaler Medien erlangt diese einen Bedeutungszuwachs, während ihre Disziplinen weiterhin in der Kommunikationsbranche und der Wissenschaft sehr uneinheitlich aufgefasst und definiert werden. Ob zum Beispiel Pressemitteilungen des Bundeskanzleramtes oder eines Autobauers den Public Relations, Public Affairs oder Corporate Communications zuzuordnen sind, ist eine Frage der Perspektive. Wichtig erscheint in diesem Beispiel, dass Profis der Auftragskommunikation gleichermaßen über ein kommunikatives Fachwissen (z. B. Darstellungsformen der Presse- und Medienarbeit, Regularien für Presseverteiler), wie über ein Fachwissen (z. B. Inhalte einer Gesetzesnovelle, Details einer Antriebstechnik) verfügen. Zum Knowhow tritt das Knowthat – das Wissen, was der Fall ist. So gibt es beispielsweise börsennotierte Unternehmen, die einer Pflichtpublizität unterliegen (z. B. bei einer verpflichtenden Gewinnwarnung), Institutionen, die eine Auskunftspflicht gegenüber der Presse haben (z. B. Staatskanzleien) oder Institutionen, die einen Informations- und Bildungsauftrag haben (z. B. Bundeszentrale für gesundheitliche Aufklärung).

Diejenigen, die nun in unterschiedlichen Rollen (Pressesprecherin, Art Director, Freelancer, etc.) Auftragskommunikation betreiben, brauchen zudem ein Wissen über die rechtlichen Rahmenbedingungen der Kommunikation (z. B. Urheberrecht, Presserecht, Werberichtlinien) sowie der unternehmerischen oder institutionellen Rahmenbedingungen (z. B. Lebensmittelverordnung, Verkehrsrecht, Verwaltungsvorschriften, Pflichtenhefte). Ohne interne Kommunikation kann externe daher schwerlich nachhaltig gelingen und sie strategisch voneinander zu trennen, erscheint riskant. Organisationen gehen daher zunehmend dazu über, Kommunikation als konstitutiven Teil strategischen Handelns zu

© Der/die Herausgeber bzw. der/die Autor(en), exklusiv lizenziert durch   27
Springer Fachmedien Wiesbaden GmbH, ein Teil von Springer Nature 2020
J. Schulz et al., *Auftragskommunikation*, essentials,
https://doi.org/10.1007/978-3-658-30583-3_4

begreifen und zu organisieren. Die möglichen Gespräche über ein Produkt, eine Dienstleistung, eine (politische) Entscheidung wirken auf deren Gestaltung mit ein bzw. sind Teil ihrer Gestaltung. Dennoch gibt es in der Auftragskommunikation etablierte und „gelernte" klassische Darstellungsformen (z. B. Pressekonferenz, Messeauftritt, Geschäftsbericht), zeitgenössische (Podcast, Blog, Newsletter) und innovative (Mem, Flash Mob, Town Hall Meetings), die der Gestaltung genrespezifische Grenzen setzen. Gleichzeitig werden Darstellungsformen durch Auftragskommunikation entdeckt oder neu definiert. So hat etwa das Targeting durch den Einsatz von Big Data die Werbung als massenkommunikatives Medium verändert – es soll für deren Empfänger*innen der Eindruck entstehen, eine persönliche Werbebotschaft zu erhalten. So mancher Werbefilm wird zum Epos, Talkshows zu Tribunalen, Memoiren von Politikerinnen zu Manifesten, Blogs zu Marketingplattformen oder kritischen Medien, Aufsteller am Point of Sale wachsen sich zu Erlebniswelten aus, Direktmarketing wird zur Performance.

Auto-Fiktionen (Personal PR)
Von sich selbst zu erzählen, indem man versucht, zu einer öffentlichen Geschichte zu werden, hat einen paradoxen Reiz. Die Fiktion liegt in einer realistischen Simulation von faktisch Erlebtem (vgl. Zipfel 2001: 143). Als Teil der Public Relations gehört das Erzählen von und Sprechen über Künstler, Ministerinnen, CEOs und andere Personen des Zeitgeschehens zum klassischen Geschäft für freischaffende Ghost Writer, Agenturen oder Kommunikationsabteilungen großer Organisationen. Die Darstellungsformen reichen von der Autobiographie über Namensbeiträge und Interviews bis zu inszenierten Auftritten on- und offline.

Branding (Markenkommunikation)
In der sozialen Sinndimension wird Urheberschaft markiert und dadurch für eine Marken-Gemeinschaft („Brand Community") kenntlich und identifizierbar gemacht. In der Sachdimension sind Marken Unterscheidungszeichen zur Identifikation und Individualisierung von Produkten auf dem Markt. Wie Leitherer (2001, S. 66) historisch nachweist, liegt ihre kommunikative Funktion nicht in der Persuasion, sondern vielmehr in einer Garantie- und somit Qualitätsaussage, die der Orientierung und Differenzierung im Markt dient und dabei durch Zeichen in zeitlicher Dimension ex post und ex ante auf Entscheider dauerhaft zurechenbar bleibt. Der Schutz von Markenkennzeichen zur Unterscheidung gegenüber der Konkurrenz und als Identitätsversprechen für Verbraucher*innen bedarf der Absicherung und wird durch das Markengesetz geregelt.

Campaigning
Informieren, Meinung bilden, Inszenieren und Mobilisieren – die Ziele des Campaigning, als zeitlich und räumlich begrenzter Auftragskommunikation (vgl. Behrent, Mentner 2001) waren einst eine Domäne der Werbung. Spätestens seit der US-Administration unter US-Präsident Barack Obama sind sie auch ein politischer Topos. Eine Wortbedeutung des französischen Campagne ist bis heute der Feldzug. Der militärische Ursprung deutet auf die Ambivalenz der Wahrnehmung von Campaigning als Einladung zu Teilnahme und Übergriff zugleich. Die Kampagne „Gib AIDS keine Chance" der Bundeszentrale für gesundheitliche Aufklärung hat über 30 Jahre das Spektrum der Darstellungsformen gezeigt – von Informationsmedien, Presse- und Medienarbeit über (legendäre) Werbeplakate bis zu Veranstaltungen und persönlicher Kommunikation vor Ort.

Corporate Communications (Unternehmenskommunikation)
Internal Relations, Customer Relations, Media Relations, Corporate Diplomacy etc. – die englischen Bezeichnungen verdeutlichen, dass es nicht um Instrumente geht, sondern um anschlussfähige Beziehungen. Unternehmenskommunikation dient der Bestandserhaltung von Unternehmen und ihren Aktivitäten durch den Ausbau und die Pflege von solchen Kommunikationsbeziehungen. Herausfordernd sind dabei die Ansprüche gesellschaftlicher Teilsysteme und Gruppen, mit Einfluss und Sanktionspotential (Stakeholder) gegenüber Unternehmen. Die möglichen Zielkonflikte, aber auch Kongruenzen zwischen Unternehmen und ihren Umwelten sind frühzeitig zu erkennen und kommunikativ zu behandeln.

Guerilla Communications
Fake, Camouflage, subversive Affirmation, Collage und Montage etc. – „Kommunikation kommuniziert." (Luhmann 1995: 113). „Guerilla" (spanisch Kleinkrieg) steht für die agonistische Intention und Motivation. Nicht der Topos der Verständigung, sondern die selektive Ablehnung von Kommunikationsangeboten durch Sinnverfremdung und Zweckentfremdung („Détournement") ist das Ziel. Prototypisch sind Aktivitäten der Künstlergruppe Situationistische Internationale. Der Name ist Programm; denn in zeitlicher Sinndimension geht es nicht um das von langer Hand Geplante, sondern um situative und momenthafte Wirkungsentfaltung. Typische Strategiemuster der Guerilla Communications sind die beiden subversiven Prinzipien der Verfremdung und Überidentifikation (vgl. Blisset, Brünzels 2001). Gesteigerte Möglichkeiten bieten elektronische Medien und vor allem die Digitalisierung (vgl. Schulz, Malchow 2008).

Graue Literatur

Vom Formular über Informationsbroschüre bis zu Jahresbericht und Weißbuch – Organisationen schaffen sich als Corporate Publisher eigene Medien, die im Gegensatz zur „weißen Literatur" der Verlage und der anonymen „schwarzen Literatur" als graue Literatur gelten (vgl. Ästhetik & Kommunikation 2015). Unternehmen und Organisationen verlegen dabei ihre eigenen, in der Regel unentgeltlichen Kommunikate. Graue Literatur ist ein wichtiges Arbeitsfeld für Ghost Writer und gleichermaßen ein literarischer Freiraum für Aufklärung, Information oder Propaganda.

Propaganda

Propaganda bezeichnet die interessengeleitete Verbreitung von politischen oder religiösen Ideen, Ansichten oder auch Bildern mit dem Ziel, die öffentliche Meinung zu beeinflussen. Eine besondere Form ist die Kriegspropaganda mit ihrem Gegenstück der Feindpropaganda (vgl. „alternative facts"). Heute wird mit dem Begriff der Propaganda pejorativ eine systematische Methode zur Manipulation der Massen (vgl. Menschenbild des Massenmenschen) verstanden, derer sich nur noch autoritäre Staaten bedienen. Eine zeitgenössische und moralisch akzeptierte Aktualisierung von Propagandatechniken wird heute unter dem Begriff des „Framing" postuliert.

Social Media Relations

Wenn Märkte Gespräche sind, dann „ermöglicht [das Internet] Gespräche unter Menschen, die in den Zeiten der Massenmedien einfach nicht möglich waren." (Cluetrain Manifesto, These 6). Diese Gespräche finden heute vor allem in den so genannten sozialen Medien statt. Social Media Relations als Teil der Unternehmenskommunikation zielen darauf ab, die Beziehungen zu Nutzerinnen und Öffentlichkeiten auf Plattformen wie Facebook, Instagram, Youtube oder Twitter zu gestalten. Eine besondere Rolle nehmen dabei stark vernetzte und/oder reichweitenstarke „Influencer" ein, die auch als Aktivisten in Erscheinung treten können.

Marketingkommunikation

Werbung, Public Relations, Persönlicher Verkauf, Verkaufsförderung, Sponsoring, Event, Product Placement, etc. sollen den Kommunikationsmix im marketingpolitischen Instrumentarium bilden. Längst ist die Idee des Marketing als Sozio-Marketing (Social-Marketing) nicht mehr auf die kommerzielle Vermarktung von Leistungen begrenzt. Problematisch wird der instrumentelle Ansatz, wenn die konstitutive Rolle der Kommunikation aus dem Blick gerät, zwischen Herstellung und Darstellung unterschieden wird und Kommunikation nur noch eine übermittelnde und darstellende Funktion hat. Als Marketing-Referent*in betreibt man in über 90 % der Unternehmen ausschließlich Marketing-Kommunikation. Die eigentliche Idee des Marketings im Sinne der marktorientierten Führung der Organisation bleibt eine Herausforderung.

Public Affairs (Politische Kommunikation)
Informieren, Überzeugen, Beeinflussen – Interessengruppen versuchen durch Public Affairs (vgl. Althaus, Geffken, Rawe 2005) Anteil an der Politik der Exekutive und Legislative zu nehmen. Im Lobbying – ursprünglich als Begegnung von Vertreter*innen der Zivilgesellschaft mit Parlamentarier*innen in der Wandelhalle (Lobby) des Parlaments – ist politische Auftragskommunikation als integraler Bestandteil einer repräsentativen Demokratie gedacht. Als eine Form der Kommunikation auf der Hinterbühne der Politik provoziert sie Argwohn und politische Kontrolle gleichermaßen. Doch die Praxis der Public Affairs – ob von Industrie, Kirchen, Wohlfahrt oder Wissenschaft – geht weit darüber hinaus. Sie nutzt vom Parlamentarischen Abend über Talkshows, Presse- und Medienarbeit oder gutachterlichen Stellungnahmen bis zu Campaigning das volle Potential der Auftragskommunikation, um Politiker*innen zu erreichen.

Public Relations (PR)
PR wird bis heute sowohl deskriptiv als Management der Kommunikation einer Organisation (ggf. auch einer einzelnen Person) und ihrer Publika gefasst (vgl. Grunig, Hunt 1984: 7 f.), als auch normativ als eine Form der „Öffentlichkeits-arbeit", die Transparenz, Integrität, Fairness, Wahrhaftigkeit, Loyalität und Professionalität verpflichtet ist, wie es im Kommunikationskodex der Deutschen Public Relations Gesellschaft DPRG – Berufsverband Öffentlichkeitsarbeit heißt (vgl. dprg.de). In ihrer Selbstrückbezüglichkeit, immer auch PR für PR zu sein, liegt eine wichtige Quelle für den Argwohn gegenüber den Public Relations, deren Darstellungsformen externe wie interne Publika adressieren und heute von Codices, Leitbildern und Corporate Social Responsibility über Informationsmedien, Presse- und Medienarbeit bis zu Eventmanagement und Darstellungsformen des Campaigning reichen.

Werbung
Anzeigen, Plakate, Werbespots, Außenwerbung, Werbebriefe, Werbebanner – die medialen Möglichkeiten der Werbung sind unerschöpflich. Werbung ist ein zentrales Instrument der Marketing-Kommunikation. Dabei muss die „versuchte Verhaltensbeeinflussung" (Kroeber-Riel, Esch 2015: 52) durch die Belegung von

Werbeplätzen erkauft werden. Entgegen den Versprechungen und Befürchtungen geheimer Verführung gibt es nämlich keinen nachgewiesenen kausalen Wirkungszusammenhang zwischen Einstellung und Verhalten. Trotzdem steht Werbung generell unter Affirmations- und vor allem Suggestionsverdacht, etwas zu versprechen, was nicht eingelöst werden kann. Da man aber jeder Kommunikation bestimmte verborgene Motive unterstellen kann, die nicht geäußert werden, übernimmt Werbung stellvertretend für andere Disziplinen die Opferrolle.

Wissenschaftskommunikation

Die Vorstellung, dass Kommunikation ein Container sei, mit dem man (Wissens-) Bestände verteilen könne, überschattet auch die Wissenschaftskommunikation. Vor allem diejenigen, die sich nicht mit dem Aphorismus des Philosophen Martin Seel abfinden können: „Die messbare Seite der Welt ist nicht die Welt; sie ist die messbare Seite der Welt." Kommunikation im Auftrag der Wissenschaft arbeitet an einer Weltkonstruktion, die in der Gegenwart Gewissheit schaffen soll und muss für die Unsicherheit der Zukunft und Vergangenheit. Die Inhalte auf der Sachebene sind inter- bis transdisziplinär. Es geht um Technologien und ihre Folgen, Klimawandel, Umweltrisiken, Katastrophen, Krankheit etc. Innerhalb und zwischen den ausdifferenzierten Disziplinen und Tätigkeiten der Wissenschaften, aber vor allem nach außen handelt es sich dabei vornehmlich um Laien-Experten-Kommunikation.

Was Sie aus diesem *essential* mitnehmen

- Dass Auftragskommunikation Selbstvergewisserung braucht
- Dass es dabei um die Beantwortung existenzieller, nicht identitärer (also rückwärtsgewandter, archäologischer und exkludierender) Fragen geht
- Dass Kommunikation riskant ist und immer ein Menschenbild voraussetzt
- Dass Kommunikation konstitutiv ist für alle Entscheidungen

J. Schulz et al., *Auftragskommunikation*, essentials,
https://doi.org/10.1007/978-3-658-30583-3

Literatur

ALTHAUS Marco, GEFFKEN Michael, RAWE Sven (Hg.) 2005. Handlexikon Public Affairs. Münster, Hamburg, Berlin, London: Lit.

ARLT Hans Jürgen, SCHULZ Jürgen 2019. Die Entscheidung. Lösungen einer unlösbaren Aufgabe. Wiesbaden: Springer.

ÄSTHETIK & KOMMUNIKATION 2015. Graue Literatur (Heft 164). Berlin.

BAECKER Dirk 1994. Postheroisches Management: ein Vademecum. Berlin: Merve.

BECKERT Jens [2016] 2018. Imaginierte Zukunft. Fiktionale Erwartungen und die Dynamik des Kapitalismus. Berlin: Suhrkamp

BEHRENT Michael, MENTNER Peter 2001. Campaigning. Werbung in den Arenen der Öffentlichkeit. Münster, Hamburg, Berlin, London: Lit

BERNAYS Edward L. [1928] 2011. Propaganda. Die Kunst der Public Relations. Freiburg: Orange Press. (Im Original erschienen als: Propaganda)

BIRKIGT Klaus, STADLER Marinus M., & FUNK Hans J. 1993. Corporate Identity: Grundlagen, Funktionen, Fallbeispiele. Landsberg/Lech: Verlag Moderne Industrie.

BLISSET Luther, BRÜNZELS, Sonja 2001. Handbuch der Kommunikationsguerilla, 4. Auflage. Hamburg: Assoziation.

BLUMENBERG Hans 2007. Theorie der Unbegrifflichkeit. Frankfurt am Main: Suhrkamp.

BREIDENSTEIN Georg, HISRCHAUER Stefan, KALTHOFF Herbert, & NIESWAND Boris 2015. Ethnografie. Die Praxis der Feldforschung (2., überarb. Aufl.). Konstanz: UVK.

BRÖCKLING Ulrich 2007. Das unternehmerische Selbst. Soziologie einer Subjektivierungsform. Frankfurt am Main: Suhrkamp.

BURAWOY, Michael 1998. The Extended Case Method. Sociological theory, 16(1), S. 4–33.

BÜSCHEMANN Karl-Heinz 1999. Dem Zeitgeist auf der Spur: Was der Kunde nicht will, aber immer wollte – Designer Patrick LeQuement verhilft Renault zu erfolgreichen Autos und einem modernen Image. In: Süddeutsche Zeitung, Nr. 294, 20. Dezember, 1999, S. 29.

CARVER Raymond 1981. What We Talk About When We Talk About Love. New York: Knopf.

CASSIRER Ernst [1944] 2007. Versuch über den Menschen. Einführung in eine Philosophie der Kultur. Hamburg: Felix Heiner Verlag. (Im Original erschienen als: An Essay on Man)

COLERIDGE Samuel T. [1817] 1907. Biographia Literaria. Gloucestershire: Clarendon Press.

DI FABIO, Udo 2019. Vom autonomen Verbraucher zum vernetzten Nutzer: Wie verändert die digitale Gesellschaft den Verbraucherschutz. In: BLÄTTEL-MINK, Birgit, KENNING, Peter (Hg.): Paradoxien des Verbraucherverhaltens (S. 3–10). Wiesbaden: Springer Gabler.

DOMIZLAFF Hans [1939] 1951. Die Gewinnung des öffentlichen Vertrauens. Ein Lehrbuch der Markentechnik. Hamburg: Hans Dulk.

DUFOURMANTELLE Anne [2011] 2018. Das Lob des Risikos. Ein Plädoyer für das Ungewisse. Berlin: Aufbau.

ECO Umberto 1994. Im Wald der Fiktionen. Sechs Streifzüge durch die Literatur. München: Hanser

FREEDMAN Lawrence 2006. Networks, culture and narratives. The Adelphi Papers, 45(379), S. 11–26.

FREUD Sigmund [1908] 1999. Der Dichter und das Phantasieren. In: Gesammelte Werke. Bd. VII. Frankfurt am Main: Fischer.

FREUD Sigmund [1930] 1999. Das Unbehagen in der Kultur. In: Gesammelte Werke. Bd. XIV. Frankfurt am Main: Fischer.

GALLING-STIEHLER Andreas 2017. Tagtraumhaftes Heldentum. Psychoanalytische Lesarten der Auftragskommunikation. Wiesbaden: Springer.

GERHARDS Jürgen, NEIDHARDT Friedhelm 1990. Strukturen und Funktionen moderner Öffentlichkeit: Fragestellungen und Ansätze, WZB Discussion Paper, No. FS III90-101, Wissenschaftszentrum Berlin für Sozialforschung (WZB), Berlin.

GEYER Paul 2002. Das Paradox. Historisch-systematische Grundlegung. In: HAGENBÜCHLE Roland, GEYER, Paul (Hg.): Das Paradox (S. 11–24). Würzburg: Königshausen & Neumann.

GABRIEL Yiannis 2000. Storytelling in Organizations. Facts, Fiction and Fantasies. Oxford: University Press.

GLADWELL Malcolm [2000] 2002. The Tipping Point. Wie kleine Dinge ganz groß werden. München: Goldmann.

GRUNIG James E., HUNT Todd T. 1984. Managing Public Relations. New York: Holt, Rinehart & Winston.

HABERMAS Jürgen, LUHMANN Niklas 1971. Theorie der Gesellschaft oder Sozialtechnologie. Was leistet die Systemforschung? Frankfurt am Main: Suhrkamp.

JONES Owen 2019. Woke-washing: how brands are cashing in on the culture wars. https://www.theguardian.com/media/2019/may/23/woke-washing-brands-cashing-in-on-culture-wars-owen-jones [abgerufen am 15.04.2020]

KIRF Bodo, ROLKE Lothar 2002. Der Stakeholder-Kompass: Navigationsinstrument für die Unternehmenskommunikation. Frankfurt am Main: F.A.Z.-Inst. für Management-, Markt- und Medieninformationen.

KLUGE Friedrich 1999. Etymologisches Wörterbuch der deutschen Sprache. Berlin: de Gruyter.

KROEBER-RIEL Werner, ESCH, Franz-Rudolf 2015. Strategie und Technik der Werbung (8., akt. u. überarb. Aufl.). Stuttgart: Kohlhammer.

LASSWELL, Harold D. 1948. The structure and function of communication in society. The communication of ideas, 37(1), S. 136–139.

LEITHERER Eugen 2001. Geschichte der Markierung und des Markenwesens. In: BRUHN Manfred (Hg.): Die Marke: Symbolkraft eines Zeichensystems (S. 55–74). Bern: Haupt.

LIEBL Franz, RUGHASE Olaf G. 2002. Storylistening. In: GDI-Impuls 3/02.

LOEBBERT Michael 2003. Storymanagement. Der narrative Ansatz für Management und Beratung. Stuttgart: Klett-Cotta.

LUHMANN Niklas 1973. Zweckbegriff und Systemrationalität. Frankfurt am Main: Suhrkamp.

LUHMANN Niklas 1984. Soziale Systeme. Grundriß einer allgemeinen Theorie, Frankfurt am Main: Suhrkamp.

LUHMANN Niklas 1992. Beobachtungen der Moderne. Opladen: Westdeutscher Verlag.

LUHMANN Niklas 1995. Soziologische Aufklärung 6. Die Soziologie und der Mensch. Opladen: Westdeutscher Verlag.

LUHMANN Niklas 2000. Organisation und Entscheidung. Opladen: Westdeutscher Verlag

LUHMANN, Niklas [1995] 2009. Die Realität der Massenmedien (2., erw. Aufl.). Opladen: Westdeutscher Verlag.

MALETZKE Gerhard 1963. Psychologie der Massenkommunikation: Theorie und Systematik. Hamburg: Hans-Bredow-Institut.

MALETZKE Gerhard 2013. Unsere Wissenschaft braucht ein fundiertes Menschenbild. In: MEYEN Michael, WIEDEMANN Dieter (Hg.), Biografisches Lexikon der Kommunikationswissenschaft. http://blexkom.halemverlag.de/interview-mit-gerhard-maletzke [abgerufen am 15.04.2020].

MALINOWSKI Bronislaw 1922. Argonauts of the Western Pacific. An Account of Native Enterprise and Adventure in the Archipelagoes of Melanesian New Quinea. London: Routledge & Kegan Paul.

MÜLLER Robert C. 2019. Konsumentenbilder als produktive Fiktionen. Eine theoretische und ethnographische Untersuchung. Wiesbaden: Springer.

PIETZCKER Carl 2011. Psychoanalytische Studien zur Literatur. Würzburg: Königshausen & Neumann.

POLANYI Michael [1966] 1985. Implizites Wissen. Frankfurt am Main: Suhrkamp. (Im Original erschienen als: The Tacit Dimension).

RÜHL Manfred 1980. Journalismus und Gesellschaft: Bestandsaufnahme und Theorieentwurf. Mainz: V. Hase & Koehler.

SARTRE, Jean Paul [1944] 2000. Zum Existenzialismus – eine Klarstellung.] In: ders. Der Existenzialismus ist ein Humanismus und andere philosophische Essays (S. 113–121). Frankfurt: Rowohlt Taschenbuch Verlag. (Im Original erschienen als: A propos de l'existentialisme: Mise au point)

SCHULZ Jürgen, MALCHOW Till 2008. Emergenz im Internet: Protest, Konflikt und andere Formen verständigungsloser Kommunikation im WWW. In: THIMM Caja, WEHMEIER Stefan (Hg.): Organisationskommunikation online: Grundlagen, Fallbeispiele, empirische Ergebnisse (S. 61–81). Frankfurt: Lang.

SCHWEIZER, R. 2000. Die Entdeckung der pluralistischen Wirklichkeit. Durchschnitts-leser, Presserecht, Verständiger Verbraucher, Wettbewerbsrecht, Wertvorstellungen, Grundnorm. Berlin: Vistas.

SHILLER Robert J. [2019] 2020. Narrative Wirtschaft. Wie Geschichten die Wirtschaft beeinflussen – ein revolutionärer Erklärungsansatz. Kulmbach: Plassen.

SIMON Herbert A. [1969] 1990. Die Wissenschaften vom Künstlichen. New York: Springer. (Im Original erschienen als: The Sciences of the Artificial)

SINEK Simon 2009. Start With Why: How Great Leaders Inspire Everyone to Take Action. New York: Portfolio.

SINEK Simon 2017. Find Your Why. A Practical Guide for Discovering Purpose for You and Your Team. New York: Portfolio.

STEINWEG Marcus 2019. Proflexionen. Berlin: Matthes und Seitz.

VAIHINGER Hans [1911] 1922. Die Philosophie des Als ob. System der theoretischen, praktischen und religiösen Fiktionen der Menschheit auf Grund eines idealistischen Positivismus. Leipzig: Felix Meiner.

VON FOERSTER, Heinz 1992. Ethics and second order cybernetics. Cybernetics and Human Knowing, 1(1), S. 9–20.

VON FOERSTER Hans, PÖRKSEN Bernhard [1998] 2008. Wahrheit ist die Erfindung eines Lügners. Gespräche für Skeptiker (8. Aufl.). Heidelberg: Carl-Auer-Systeme.

WEICK, Karl E. [1969] 1998. Der Prozeß des Organisierens (2. Aufl). Frankfurt am Main: Suhrkamp. (Im Original erschienen als: The Social Psychology of Organizing)

WIPPERSBERG Julia 2012. Ziele, Evaluation und Qualität in der Auftragskommunikation. Grundlagen für Public Relations, Werbung und Public Affairs. Konstanz: UVK.

ZIPFEL Frank 2001. Fiktion, Fikitivität, Fiktionalität. Analysen zur Fiktion in der Literatur und zum Fiktionsbegriff in der Literaturwissenschaft. Berlin: Erich Schmidt.